KLAUS VOLK

Die Juristische Enzyklopädie des Nikolaus Falck

Schriften zur Rechtstheorie

Heft 23

Die Juristische Enzyklopädie des Nikolaus Falck

Rechtsdenken im frühen 19. Jahrhundert

Von

Dr. Klaus Volk

DUNCKER & HUMBLOT / BERLIN

Alle Rechte vorbehalten
© 1970 Duncker & Humblot, Berlin 41
Gedruckt 1970 bei Richard Schröter, Berlin 61
Printed in Germany

Vorwort

Die Arbeit hat im Wintersemester 1969/70 der Juristischen Fakultät der Universität München als Dissertation vorgelegen.

Ich danke Herrn Professor Dr. Sten Gagnér. Er hat die Arbeit angeregt, im Gespräch gefördert und wohlwollend betreut. In seinem Seminar hatte ich Gelegenheit, Zwischenergebnisse zur Diskussion zu stellen.

Zu Dank verpflichtet bin ich auch Herrn Ministerialrat a. D. Dr. Johannes Broermann, der die Arbeit bereitwillig in seine Reihe aufgenommen hat.

München, im Mai 1970

Inhalt

Einleitung 11

Biographische Notizen 14

Erstes Kapitel
Naturrecht und Staatlichkeit des Rechts

1. Falcks Naturrechtskritik 16
2. Die Bestimmung des Rechtsbegriffs 19
3. Die Regelungsbereiche des Rechts 23

Zweites Kapitel
Rechtswissenschaft und Philosophie des positiven Rechts   28

Drittes Kapitel
Von den Rechtsquellen

1. Ein Überblick 34
2. Der Begriff des „positiven" Rechts 35

Viertes Kapitel
„Natürliches Recht" und „allgemeine Rechtslehre"

1. Existenz und Problematik eines „natürlichen Rechts" 37
2. Die Methode der Auffindung „allgemeiner Rechtswahrheiten" .. 39
    a) Objekt und Intention 39
    b) Rechtsverhältnis und Rechtsnorm 41
    c) Empirie und Begriffsanalyse 43
3. Der Gegenstand der Rechtswissenschaft 57
    a) Die Jurisprudenz und ihre Methode —
       Kriterien der Wissenschaftlichkeit 57
    b) Exkurs: Austin 64
    c) „Allgemeine Rechtswahrheiten" als Charakteristikum einer zeitgenössischen Rechtstheorie 68

Fünftes Kapitel
Der „historische" Teil des Rechts

1. Gewohnheitsrecht und Gesetz 73
2. Die Kodifikationsfrage 77

Sechstes Kapitel
Germanistische Prinzipien

1. Beselers Volks- und Juristenrecht 83
2. Der Rang des römischen Rechts 86
3. Das deutsche Recht und sein „wissenschaftliches Prinzip" 88
4. Die praktische Arbeit im deutschen Recht 93

Siebtes Kapitel
Recht und Geschichte   97

Achtes Kapitel
Systemgedanke und Systemaufbau   105

Neuntes Kapitel
Begriffsjurisprudenz, Formalismus und Wirklichkeitsbezug   117

Quellen und Literatur

A. Falcks Werke 126
    I. Selbständige Schriften und Editionen (chronologisch geordnet) 126
    II. Abhandlungen in Zeitschriften 128
B. Handschriften 128
C. Quellen 128
D. Schrifttum über Falck (in zeitlicher Reihenfolge) 131
E. Literaturverzeichnis 132

Personenregister 139

Abkürzungen

AcP	Archiv für civilistische Praxis
ARSP	Archiv für Rechts- und Sozialphilosophie
Dtsch. Jb. Wiss. u. Kunst	Deutsche Jahrbücher für Wissenschaft und Kunst
HistJb	Historisches Jahrbuch (im Auftrage der Görres-Gesellschaft)
HZ	Historische Zeitschrift
JZ	Juristenzeitung
SchlHAnz	Schleswig-Holsteinische Anzeigen
SZGerm	Zeitschrift der Savigny-Stiftung für Rechtsgeschichte — Germanistische Abteilung
SZRom	— Romanistische Abteilung
ZdtR	Zeitschrift für deutsches Recht und deutsche Rechtswissenschaft
ZgeschwR	Zeitschrift für geschichtliche Rechtswissenschaft

Die Juristische Enzyklopädie Falcks wird mit E abgekürzt und nach Paragraphen und (in Klammern) Seitenzahlen zitiert.

Wegen der Zitierweise einiger häufig verwendeter Aufsätze Falcks darf auf das Schrifttumsverzeichnis, Abschnitt A II, verwiesen werden.

Einleitung

Neuere Untersuchungen zur Entstehung des juristischen Formalismus aus der historischen Schule[1] haben „Wandlungen im Bilde der historischen Rechtsschule"[2] verzeichnen lassen. Die charakteristischen Kriterien ihres methodischen Programms und ihrer rechtstheoretischen Grundlagen sind schärfer profiliert hervorgetreten, ebenso die Verbindungslinien zur vorangegangenen Epoche des Vernunftrechts und der Aufklärung[3]. Neben der historischen Schule aber scheint im Rahmen des Neueinsatzes der Rechtswissenschaft um 1800 ein anderes Modell einer autonomen, zugleich „positiven" und „philosophischen" Rechtswissenschaft konzipiert worden zu sein, das in Einzeluntersuchungen bisher wenig erforscht ist.

Die vorliegende Arbeit ist bemüht, „Falcks prinzipiellem Beitrag zum Aufbau einer positiven Rechtswissenschaft"[4] nachzugehen. Vor allem unter diesem Aspekt soll versucht werden aufzuschlüsseln, wie Gedankengut der historischen Schule Savignyscher Provenienz und des Vernunftrechts, „Philosophie" und „Empirie"[5], Romanistisches und Germanistisches auf die methodologische Position eines Rechtslehrers aus dem frühen 19. Jahrhundert bezogen sind. Die zeitgenössische Frage nach dem Objekt und den Bedingungen einer methodischen Rechtswissenschaft impliziert zudem das Problem des Verhältnisses von Rechtswissenschaft und „Wirklichkeit" des Rechts[6], die Frage also nach jenem juristischen Formalismus.

Falcks Verhältnis zur historischen Schule bildet — falls eine solche abkürzende Fragestellung überhaupt für sinnvoll gehalten würde — keinen eigenen Gliederungspunkt. Es ergibt sich vielmehr aus der an Einzelkriterien orientierten, punktuellen Konfrontation mit der Lehre Savignys und anderer.

---

[1] *Wilhelm*, Methodenlehre; *Böckenförde*, Historische Rechtsschule; *Vicén*, Formalismus; weitere Nachweise bei *Wieacker*, Wandlungen, 22 Anm. 30, 31.
[2] *Wieacker*.
[3] Vgl. vorläufig *Böckenförde*, Historische Rechtsschule, 19. Das vernunftrechtliche Erbe der historischen Schule ist im wesentlichen schon lange bekannt, vgl. *Wieacker*, 372 ff. m. w. N.
[4] *Wieacker*, Privatrechtsgeschichte, 408 FBn. 99.
[5] In Anlehnung an *Feuerbachs* Antrittsvorlesung in Landshut „Über Philosophie und Empirie in ihrem Verhältnisse zur positiven Rechtswissenschaft" (1804).
[6] *Wieacker*, Wandlungen, 11.

Die Arbeit stützt sich hierbei in erster Linie auf Falcks „Juristische Encyclopädie", soll sie doch „vor allen Dingen ... die rechte Richtung zeigen, welche jeder Rechtsgelehrte seinen wissenschaftlichen Bestrebungen zu geben hat"[7]. Nach allgemeinem Urteil ist Falck dies vorzüglich gelungen. Seine Enzyklopädie war berühmt zu ihrer Zeit; sie wurde „auf beinahe allen Universitäten Deutschlands als Lehrbuch gebraucht"[8].

Um die Basis der Untersuchung zu verbreitern und die Ergebnisse abzusichern, werden auch andere einschlägige Werke Falcks und seine Briefe unterstützend herangezogen. Eine explizite Gesamtwürdigung seines Werkes ist ebensowenig beabsichtigt wie eine Biographie. Zur

---

[7] Vorrede zur 1. Auflage 1821, IV. Hier wird die 2. Aufl. 1825 verwendet. Das liegt zunächst darin begründet, daß diese (offenbar auch am ehesten zugängliche) Auflage gegenüber der ersten reichhaltigere Literaturhinweise enthält und es so erleichtert festzustellen, was *Falck* für bemerkenswert hält, und woher er Anregungen empfangen haben könnte. Zudem sind mittlerweile *Eichhorns* „Einleitung in das deutsche Privatrecht mit Einschluß des Lehnsrechts" (1823) und *Mittermaiers* „Grundsätze des gemeinen deutschen Privatrechts" (1824) erschienen; die Germanistik beginnt sich zu formieren. Das gilt auch für ihren im Laufe der 20er Jahre des Jahrhunderts keimenden Widerstand gegen die „Romanisten"; die Germanistik konturiert ihr Rezeptionsbild. So hat *Falck* „das Ganze einer sorgfältigen Revision unterworfen", ohne aber — und daher erscheint es letztlich auch unschädlich, die 2. Auflage zu verwenden — „im Wesentlichen etwas zu verändern" (Vorrede zur 2. Auflage, XI). Andererseits hat das Werk damit offenbar seinen inneren Abschluß gefunden. Ein Vergleich mit der 5. Auflage 1851 (die *Jhering* nach dem bereits bis § 129 ausgearbeiteten Handexemplar *Falcks* besorgte) hat ergeben, daß nach Inhalt und Umfang nur geringfügige Ergänzungen hinzukamen. Und schließlich hat auch *Austin* die 2. Auflage 1825 verwendet (*Austin*, Lectures, XIII), so daß der geplante gelegentliche Vergleich zwischen *Austin* und *Falck* eine präzise Arbeitsunterlage findet.
Dr. v. *Löw* hat im Wintersemester 1831/32 eine „Juristische Encyclopädie nach Falck" diktiert (Heidelberg Hs. 1425). Es ist wenig wahrscheinlich, daß es sich dabei um eine Vorlesungsnachschrift handelt. Viele Passagen lesen sich eher als Vorarbeit zu einem eigenen Werk v. *Löws* („Einleitung in das Studium der Rechtswissenschaft", Zürich 1835). Daher wurde auf die Auswertung dieses Manuskripts schließlich verzichtet; die hier vornehmlich interessierenden Paragraphen über Naturrecht und allgemeine Rechtswahrheiten sind dort ohnehin ausgelassen.

[8] *Ratjen*, Nekrolog, 381; übereinstimmend ADB (Michelsen), 542. Vgl. ferner *Vicén*, Formalismus, 58; *Agnelli*, Austin, 32; *Warnkönig*, Enzyklopädie, 355. *Beseler*, Hörer *Falcks*, urteilt: „Seine juristische Enzyklopädie setzte schon eine gewisse Reife voraus und hörte sich besser zum Ende als am Anfang der Studienzeit" (Erlebtes und Erstrebtes, 6). *Friedländer* (der auf S. 4-42 einen guten Überblick über die Geschichte der juristischen Enzyklopädie gibt: *Falcks* Enzyklopädie, die „eine dem innern Werth entsprechende Verbreitung gefunden (hat) und auch heute als Grundlage zu Vorlesungen dient", ist „mit der größten Sorgfalt und Gelehrsamkeit" abgefaßt (Enzyklopädie, 40). *Welcker*, der in Heidelberg selbst Enzyklopädie und Methodologie der Rechtswissenschaft las (*Müller-Dietz*, Welcker, 22), wies besonders auf *Falcks* Enzyklopädie hin (*Müller-Dietz*, Welcker, 69, Anm. 147). Auch *Reyscher* nennt die Enzyklopädie *Falcks* „ausgezeichnet" (ZdtR 2 [1839] 196, in einer Literaturübersicht). *Hugos* „Beyträge zur civilistischen Bücherkenntniß der letzten vierzig Jahre" erwähnen sie nicht.

besseren Orientierung — Mann und Werk sind fast vergessen[9] — werden die wichtigsten Lebensdaten skizziert. Im übrigen muß auf das Schrifttum über Falck und das Verzeichnis seiner Arbeiten verwiesen werden.

---

[9] *Schwarz*, Austin, 86.

Biographische Notizen

An der Nordwestküste des Herzogtums Schleswig, in Emmerlev bei Tondern, wird Niels Nikolaus Falck am 25. November 1784 geboren. Er studiert in Kiel Theologie und Philologie — Gebiete, an denen er, wie seine Briefe zeigen, zeitlebens rege interessiert bleibt. Nach seiner Promotion zum Doktor phil. im Jahre 1808 übernimmt er die Stellung eines Erziehers im Hause des mit Niebuhr befreundeten Grafen Adam Moltke. Auf dessen Anregung beschäftigt er sich nun mit der Rechtswissenschaft. Ein Jahr lang treibt er private Studien, dann meldet er sich zur juristischen Staatsprüfung und besteht sie mit dem höchsten Prädikat (1809). Es folgt eine mehrjährige praktische Tätigkeit in der schleswig-holsteinischen Kanzlei in Kopenhagen, der höchsten Verwaltungsbehörde der Herzogtümer. Falck befaßt sich eingehend mit Sprache und Literatur, Recht und Verfassung Dänemarks. Seine Designation zum Professor für Römisches Recht an der Universität Christiania bleibt aus politischen Gründen (Norwegen wird abgetreten) ein Zwischenspiel. Statt dessen wird er 1814 zum ordentlichen Professor der Juristischen Enzyklopädie, des Deutschen Rechts, des Kirchenrechts und des schleswig-holsteinischen Partikularrechts an der Universität Kiel ernannt. Er liest außerdem über Handelsrecht, Strafrecht, Straf- und Zivilprozeß, Römisches Recht und die „Germania" des Tacitus[1]. In Kiel bleibt er bis zu seinem Lebensende[2]. Er schlägt selbst einen von Savigny veranlaßten Ruf an Eichhorns Stelle nach Berlin aus (1816/17)[3], lehnt es 1818 ab, nach Bonn zu gehen und ist 1829 nicht bereit, den germanistischen Lehrstuhl in Göttingen zu übernehmen[4]. Brieflich allerdings bleibt er in reger Verbindung mit anderen Universitäten[5]. Auch die finanziell lukra-

---

[1] *Döhring*, Geschichte der juristischen Fakultät 1665-1965, 108 f. und *Ratjen*, Nekrolog, 373.

[2] Zum zeitgenössischen geistigen Klima in Kiel vgl. *Dilthey*, Anfänge der historischen Weltanschauung Niebuhrs, 272 f. und *Müller-Dietz*, Welcker, 16 ff., Anm. Nr. 94. Vgl. ferner die Notizen über *Falck* bei *Heuss*, Theodor Mommsen und das 19. Jahrhundert, 9, 13, 16, und *Wickert*, Theodor Mommsen, 144 f., 163 f., 176 ff., 194, 294, 400, 410, 448 ff., 464 f., 467, 478 ff., 482 (Theodor Mommsen war Schüler, sein Vater ein Studienfreund *Falcks*).

[3] Brief vom 16. 2. 1817 an den preußischen Kultusminister (?), Berlin, Sammlung Darmstadt, 2 h 1821.

[4] Vgl. Brief vom 26. 1. 1829 an *Rosenvinge*, Kopenhagen, NKs. 3101, 4°.

[5] *Falcks* Briefwechsel ist für den hier verfolgten Zweck recht wenig ergiebig. Persönliche Erzählungen nehmen meist breiten Raum ein, ebenso antiquarische Notizen, philologische Erörterungen, quellenkritische Anmerkungen und — dominierend vor allem in der intensiven Korrespondenz mit

tive Ratsstelle am Oberappellationsgericht Lübeck läßt er sich entgehen[6]. 1826 wird er Ordinarius des Spruchkollegiums. Er ist überdies — ungern, wie seine Briefe beweisen — Mitglied der Gesetzgebungskommission für Schleswig-Holstein, Ständemitglied, und zwischen 1838 und 1844 Präsident der Ständeversammlungen des Herzogtums Schleswig. So ist er „Decennien hindurch in seinem Heimathlande ... der bekannteste und populärste Mann"[7].

Am 11. Mai 1850 ist Falck gestorben[8].

Kolderup - Rosenvinge — Einzelfragen des skandinavisch-norddeutschen Rechts.
[6] Brief an *Rosenvinge* vom 13. 1. 1824, Kopenhagen, NKs. 3101, 4°.
[7] ADB (Michelsen), 539 f.
[8] Abweichend nennen *Landsberg III*, 2 (Noten), 222, und ADB (Michelsen), 543, den 5. 5. 1850. Richtig ist, daß *Falck* am 5. 5. 1850 einen Schlaganfall erlitt, an dem er am 11. 5. 1850 verstarb (*Ratjen*, Nekrolog, 371).

Erstes Kapitel

Naturrecht und Staatlichkeit des Rechts

Die Beantwortung der Frage, ob „die menschliche Vernunft, unabhängig von der Erfahrung, wirklich ein System von Rechtsnormen aufzustellen vermöge"[1], ist geeignet, Auskunft nicht nur über erkenntnistheoretische Prämissen einer Rechtslehre zu geben. Sie hängt eng zusammen mit der Bestimmung dessen, was eigentlich Gegenstand der Rechtswissenschaft sein soll. Es gilt, die „Province of Jurisprudence determined"[2] abzustecken. Jene Frage impliziert zugleich Bezüge zu diesen Problemfeldern: Positivität des Rechts, Rechtsquellenlehre und Kodifikation, Methode und Systemgedanke, Begrifflichkeit und Wirklichkeitsbezug des Rechts. So scheint es ein gangbarer Weg, den Einstieg in die Rechtslehre Falcks und ihre geistesgeschichtlichen Voraussetzungen und Hintergründe an dieser Schaltstelle zu nehmen.

1. Falcks Naturrechtskritik

Es mag das Bewußtsein um diese Komplexität des Themas gewesen sein, das ein „wiederum erwachendes eifrigeres Studium des Naturrechts"[3] bemerken läßt, zu einer Zeit, als die historische Schule in dezidierter Abkehr von naturrechtlichen Versuchen einen „wissenschaftlichen Neueinsatz"[4] unternimmt. So muß Falck auf eine Fülle auch nur zeitgenössischer Schriften über das Naturrecht aufmerksam machen[5].

Seine Kritik setzt mit einer Bestimmung ihres Gegenstandes ein. Zum Naturrecht als „eigne Wissenschaft"[6] rechnet er nur das emanzipierte Naturrecht, in dem die Trennung von Moral und Recht schon vollzogen ist. Erst bei Hugo Grotius sei „die Unterscheidung der menschlichen Pflichten in solche, deren Erfüllung dem Gewissen des Handelnden überlassen werden, und in solche, bei welchen ein äußerer Zwang zur

---

[1] E § 47 (82).
[2] So der Titel der Schrift *Austins* von 1832.
[3] E § 52 (92 Fßn. 6).
[4] *Wieacker*, Privatrechtsgeschichte, 353.
[5] E § 52 (92 f. Fßn. 6). *Warnkönig*, Rechtsphilosophie als Naturlehre des Rechts, 137 ff., führt für die Zeit von 1785-1831 über 100 Werke an.
[6] E § 48 (85).

Erfüllung angewandt werden darf, ... mit ... Bestimmtheit aufgestellt worden"[7]. Thomasius wird nicht erwähnt[8]. Eine „Characteristik des Naturrechts nach dem gewöhnlichen Begriffe"[9] bereitet als zusammenfassende Übersicht die eigene Stellungnahme vor. „Man nannte es **Naturrecht**, weil die Grundsätze aus der menschlichen Natur nicht aus den Anordnungen einer bürgerlichen Gesellschaft abgeleitet werden sollten. Auch ward es wohl als die Theorie der rechtlichen Verhältnisse in einem Naturstande gedacht, wie dieser ohne die Voraussetzung einer bürgerlichen Gesellschaft seyn würde." Falck erwähnt die daraus folgende Einteilung „in ein absolutes (reines) und in ein hypothetisches (angewandtes)" Naturrecht[10] und erkennt die legitimistische Tendenz des Vernunftrechts, „das Wesentliche der bestehenden Rechtsordnung zu erklären"[11], den zureichenden Grund des positiven Rechts aufzuzeigen[12]. So stimmt in der Tat Christian Wolffs intellektualistisch und begriffsrealistisch geprägtes System weitgehend mit dem gemeinen Recht überein[13].

Falck setzt nun dort an, wo er die „Grundidee" aller Systeme gefunden zu haben glaubt: in der Annahme nämlich, „daß die Vernunft, ohne Rücksicht auf die bestehenden Staatseinrichtungen, zu Rechtsgrundsätzen führe, welche von den ethischen verschieden seyen"[14]. Er meint damit die im 18. Jahrhundert gängigen Begründungen des Naturrechts durch „absolute" oder „relative" Deduktionen aus dem Sittengesetz[15]. Diese Methode hatte bereits Feuerbach — von Falck zitiert[16] — verworfen[17]. Seine (damalige) philosophische Rechtslehre beanspruchte, von der Moral „an Gestalt, Größe und ausgebreiteter Herrschaft unendlich verschieden" zu sein[18]. Recht bedeutet danach eine Freiheit, eine „Loslassung des Willens"[19]; es ist in „dem Berechtigten an sich ... vorhan-

---

[7] E § 48 (85 f.), *Grotius*, De iure belli ac pacis libri tres, Paris 1625. In Wahrheit hat *Grotius* das Naturrecht als Sozialethik nicht emanzipiert, *Wieacker*, Privatrechtsgeschichte, 299.
[8] Zur Trennung von innerer Moral- und äußerer Rechtspflicht seit *Thomasius* vgl. *Schreiber*, Rechtspflicht, 13 ff., und *Welzel*, Naturrecht und materiale Gerechtigkeit, 164 ff., 189.
[9] Überschrift zu § 49 (86 ff.).
[10] E § 49 (87). So noch durchgängig *Thibaut*, Enzyklopädie, 19, 25 (für das Staatsrecht), 34 (für das Privatrecht).
[11] E § 50 (88).
[12] Zu diesem Ansatzpunkt *Christian Wolffs* beim Satz vom Widerspruch *Schönfeld*, Grundlegung der Rechtswissenschaft, 344.
[13] *Wieacker*, Privatrechtsgeschichte, 319, vgl. auch *Kelsen*, Die Idee des Naturrechts, 86 f.
[14] E § 51 (90).
[15] Hierzu *Schreiber*, Rechtspflicht, 55 f.
[16] E § 48 (85 Fßn. 1).
[17] *Feuerbach*, Kritik des natürlichen Rechts als Propädeutik zu einer Wissenschaft der natürlichen Rechte, Altona 1796.
[18] *Feuerbach*, Kritik, 121, 305.
[19] *Feuerbach*, aaO, 83 f.

den"[20] und in einem „Rechte gebenden Vermögen der practischen Vernunft gegründet"[21]. Weil aber die Rechte Funktionen der Vernunft sind, kommt Feuerbach über das Fordern von Freiheit und damit von Rechten nicht hinaus[22]. Die Vernunft kann zwar Verhaltensnormen postulieren, nicht aber Rechte als Status effektiv gewährleisten.

Falck trifft diesen Punkt: „Daß Rechtsprincipien nicht aus der Vernunft abgeleitet werden, oder ein Gegenstand apriorischer Erkenntniß seyn können, geht schon daraus hervor, daß es unmöglich ist, bei solcher Betrachtungsweise über das Gebiet ethischer Begriffe hinauszukommen, und den eigenthümlichen Character des Rechts aufzufinden[23]." Es ist die Wirklichkeitsseite des Rechts, die alle vernunftrechtlichen Deduktionen nicht zu bewältigen vermögen. Stellvertretend für die gängige, nahezu geschlossene Lehrmeinung jener Zeit sei Thibaut zitiert: „Ist nun der Berechtigte befugt, sich in der Ausübung seines Rechts durch unwiderstehlichen physischen Zwang zu schützen, und die Erfüllung der Verbindlichkeiten, welche seinem Rechte entsprechen, mit Gewalt zu fordern: so heißt ein solches Recht Zwangsrecht...[24]. Das Zwangsrecht heißt Naturrecht, Vernunftrecht oder natürliches Zwangsrecht..., wenn es allein durch die Vernunft gegeben ist, und allein durch sie seine verbindliche Kraft erhalten hat[25]."

Die aus der Vernunft abgeleitete ethische Möglichkeit des Zwanges, kritisiert Falck, gebe der Verbindlichkeit des Verpflichteten noch keinen anderen „Character"[26]. Eine bloße Zwangserlaubnis kann nur bedeuten, daß der Berechtigte ein Recht haben soll. „Die Theorie über Rechtsverhältnisse nach Vernunftideen würde mithin nichts anderes enthalten, als die ethischen Grundsätze über die Ausübung der Rechte (die Lehre von den Pflichten der Gerechtigkeit[27] und Billigkeit) und keineswegs das seyn können, wofür das Naturrecht ausgegeben ward[28]." Das Recht „in seiner eigenthümlichen Gestalt"[29] ist damit nicht erfaßt. Die Vermittlung zwischen Potentialität und Aktualität fehlt[30]. Der ideelle Begriff des Rechts kann nur durch Positivation zum Recht werden.

---

[20] *Feuerbach*, aaO, 67 f., 238 f.
[21] *Feuerbach*, aaO, 244.
[22] *Gallas*, Feuerbach, 21.
[23] Betrachtungen, 7.
[24] *Thibaut*, Enzyklopädie, 8 f.
[25] *Thibaut*, aaO, 9.
[26] E § 51 (90). Unscharf auch *Hugo*: „Die Jurisprudenz ist die Wissenschaft von Zwangsrechten und Zwangspflichten, d. h. von dem, was nach dem höchsten, formellen oder materiellen, Principe des Rechtsverhaltens erzwungen werden darf (sic!). Ihr eigentlicher (sic!) Gegenstand sind freilich nur diejenigen Sätze hierüber, welche in unserem Staate und zu unserer Zeit gelten" (Enzyklopädie, 1. Aufl. 1792, 2).
[27] Zu diesem Begriff des Naturrechts als nur sittlicher Kategorie und seiner Kritik bei *Feuerbach* vgl. *Gallas*, Feuerbach, 14 f.
[28] E § 51 (91).
[29] Betrachtungen, 7.
[30] *A. Kaufmann*, Naturrecht und Geschichtlichkeit, 26 f.

„Wenn also der gesuchte Unterschied der Pflichten nicht in den Geboten der Vernunft enthalten ist, so muß er nothwendig durch eine äußere Veranstaltung begründet seyn, welche dadurch, daß für die Erfüllung einiger Pflichten eine Gewährleistung möglich gemacht wird, diesen Pflichten einen besonderen Character ertheilt. Eine solche äußere Anstalt ist der Staat, und der Rechtsbegriff kann daher nur im Staate oder mit Rücksicht auf die Idee dieses Instituts entstehen[31]." Nicht anders als seinen Zeitgenossen geht es Falck um die Positivierung des Erkenntnisgegenstandes seiner Wissenschaft, um die Konstituierung einer positiven Rechtswissenschaft[32]. Es ist die spezifische Geltungsweise des Rechts, seine reale Existenz, auf die sich Falcks Argumentation bezieht. Sie bringt das erste empirische Element in den Rechtsbegriff ein: insofern nämlich, als „der Grund des Rechts, das Daseyn der Staatsverbindung, eine Thatsache der Erfahrung oder der Geschichte ist"[33].

Die Fragen nach der Verbindlichkeit, der Verpflichtungskraft des Rechts und seinem inhaltlichen Verhältnis zur Moral sind damit nicht präjudiziert.

2. Die Bestimmung des Rechtsbegriffs

Allerdings prädisponiert das formale Element der staatlichen Garantie einen formalen Rechtsbegriff. So definiert Falck das Recht als „einen Inbegriff von Grundsätzen, Vorschriften und Regeln, denen die in einem Staate oder einer bürgerlichen Gesellschaft lebenden Menschen dergestalt unterworfen sind, daß sie nöthigenfalls durch Anwendung von Zwang zur Befolgung derselben angehalten werden können. Das Recht setzt also das Daseyn von Vereinen voraus, welche Vorschriften der erwähnten Art anerkennen, und für ihre Befolgung die Gewähr leisten"[1].

Die Gründe der Staatsbildung akzentuieren diesen Begriff. „... Nicht nur aus den in der sinnlichen Natur des Menschen gegründeten Trieben der Geselligkeit und Selbsterhaltung, sondern auch aus der Erkenntniß seiner sittlichen Bestimmung (entspringt) für den Menschen das Bedürfniß..., seine Existenz auf der Erde gegen willkührliche Störungen zu sichern und es dahin zu bringen, daß zusammenlebende Menschen ein

---

[31] E § 51 (91). *Savigny* hingegen hält es für möglich, von der „Eigenschaft" des Volkes „als Staat" zu „abstrahiren". Auch dann habe das Recht noch ein „Daseyn", allerdings ein „unsichtbares", während es im Staate „Realität des Daseyns" gewönne (System I, 23 f.).
[32] *Wieacker*, Privatrechtsgeschichte, 367 m. w. N. Zu den Nuancen des Begriffs „positiv" bei *Falck* vgl. unten 3. Kap.
[33] Betrachtungen, 7 f.
[1] E § 1 (4).

Verhalten gegen einander beobachten, mit welchem nach einem allgemeinen Gesetze Friede und Eintracht bestehen können[2]."

Der Anklang an Kant ist ebenso offensichtlich wie undifferenziert. Zu unbekümmert synkretistisch stehen neben der „Erkenntniß der sittlichen Bestimmung" die alten naturrechtlichen Topoi der „Geselligkeit" und „Selbsterhaltung" sowie der „Trieb" hierzu. Gedankengut aufklärerischer Glückseligkeitsethik, von Kant zurückgewiesen, tritt offen zutage: „Man mag den Zweck der bürgerlichen Gesellschaft setzen, worin man immerhin wolle, zuletzt ist der Zweck doch kein anderer, als die Erreichung eines glücklichen und zufriedenen Lebens[3]." In die gleiche Richtung weist seine Berufung auf das Rechtsgefühl „als das ursprüngliche und nicht abzuweisende Bewußtseyn individueller äußerer Freiheit und Gleichheit"[4]. Diese äußere Freiheit „jedes Einzelnen", die Freiheit vom Zwang anderer, erhält „durch das gleiche Recht aller übrigen ihre bestimmte Grenze"[5]. Es ist ein Gedanke aus der Rechtswelt der Aufklärung, der sich hier geltend macht[6]: ein Bereich äußerer Freiheit als die allen gleiche Individualsphäre[7]. Eine Auseinandersetzung mit Kant fehlt jedoch[8]. Falck zitiert ihn nur bisweilen[9] und bedient sich gelegentlich — wie beim Rechtsbegriff — Kant'scher Formulierungshilfe. Kants Naturrechtsdoktrin wird in einem Satz lediglich referiert[10].

So läßt sich aus der Enzyklopädie nicht entscheiden, ob er die Ausgrenzung eines äußeren Freiheitsraumes ebenso meint wie Kant. Die Rudimente der Glückseligkeitsethik stimmen skeptisch. Das Verhältnis des Rechts zu einer autonomen Freiheitsethik und zur Sittlichkeit überhaupt bleibt offen. Erst in einer erheblich später erschienenen Abhandlung hat sich Falck ausführlicher (aber darum nicht verständnisvoller und präziser) zu Kant geäußert[11].

„Fast scheint es, als hätte er (scil. Kant) eine Scheu gehabt, es geradezu auszusprechen, daß die Begriffe von Recht und Sittlichkeit mitein-

---

[2] E § 2 (5).
[3] Betrachtungen, 47.
[4] E 5. Aufl. 1851, § 51 (91 Fßn. 1).
[5] Handbuch IV, 8.
[6] Wie bei vielen Zeitgenossen *Falcks,* so z. B. bei *Schmalz,* Handbuch der Rechtsphilosophie, 96: „Nun ist aber die Grenze der Thätigkeit Anderer nur unsere äußere Freiheit."
[7] *v. Hippel,* Zur Gesetzmäßigkeit juristischer Systembildung, 24 f.
[8] Das ist für Juristen seinerzeit nicht ungewöhnlich. Und wo sie sich auf *Kant* beziehen, haben sie ihn oft nur unzureichend verstanden, vgl. *Kiefner,* Geschichte und Philosophie des Rechts bei A. F. J. Thibaut, 31, 33 ff. (*Hufeland*), 36 f. (*Tafinger*), 37 f. (*Zachariae*), 39 ff. (*Schmalz*), 42 (*Gros*), 42 f. (*Zeiller*).
[9] E § 41 (73 Fßn. 27), im Rahmen staatsrechtlicher Definitionen: Zum ewigen Frieden; E § 50 (89 Fßn. 3), bei der Erwähnung des Naturrechtsbegriffs: Metaphysische Anfangsgründe der Rechtslehre; Kritik der reinen Vernunft.
[10] E § 50 (89).
[11] Allg. juristische Betr., 242 ff.

ander in keinem Zusammenhange stehen, sondern aus verschiedenen Quellen und Principien entspringen. Denn ohne Zweifel muß eine genauere Betrachtung des Kantischen Rechtsprincips zu dem Resultate führen, daß es selbständig da stehe, und weder in dem Sittengesetze eine Stütze habe, noch demselben zur Stütze diene[12]." Falck verficht die „völlige Getrenntheit des Rechts und der Moral als das...wahre Verhältniß". Das entspricht der allgemeinen Tendenz der nachkantischen Rechtsphilosophie[13]. Recht wird „von der Moral...unterschieden" und ihr „entgegengesetzt"[14]. Bedenken dagegen scheinen ihm „auf einer Verwechslung des logischen Verhältnisses der Begriffe mit der practischen Verbindung der Grundsätze im Leben zu beruhen". Eine auch rechtstheoretische Vermittlung aber kommt für derart „rein juristische" Anschauung nicht in Betracht. Diese begriffliche Trennung von Recht und Moral ist ein Kennzeichen der Rechtsauffassung der modernen positivistischen Rechtstheorie[15].

Das läßt erwarten, daß es schwierig sein wird, den Stellenwert der Begriffe „Rechtspflicht", „Gewährleistung" und „Anerkennung" für Verpflichtungskraft und Geltung des Rechts zu bestimmen.

Welcker, auf den sich Falck ausdrücklich bezieht[16], stellt die Beziehung zwischen nur subjektiv, intersubjektiv nicht verifizierbar verstandener Sittlichkeit und Recht durch die gegenseitige, je persönliche „Anerkennung" eines äußeren und so objektivierten Freiheitsraumes her[17]. Dieser individuellen Anerkennungstheorie scheint Falck aber — von ihm selbst wohl unbemerkt — nicht zu folgen. Er spricht stets von „allgemeiner Anerkennung"[18], vom „Gesammtwillen einer bürgerlichen Gesellschaft"[19], vom „gemeinsamen Willen der Vereinten"[20]. Das weist in die Richtung genereller Anerkennnungstheorien[21]. Einen weiteren Unterschied zur Auffassung Welckers hebt er selbst hervor: Während

---

[12] AaO, 243. Vgl. dagegen die Interpretation *Schreibers*, Rechtspflicht, 33 ff. (bes. 52).
[13] *Schreiber*, aaO, 55.
[14] E § 6 (12). „Begriffslogisches Systemdenken" kann „nur Gleichheit oder völlige Verschiedenheit der Phänomene ausdrücken", *A. Kaufmann*, Recht und Sittlichkeit, 9.
[15] *Hart*, The Concept of Law, 181 f.: "Here we shall take Legal Positivism to mean the simple contention that it is in no sense a necessary truth that Laws reproduce or satisfy demands of morality, though in fact they have often done so." Gesetzespositivist ist *Falck* freilich nicht, vgl. 3. Kap. Letztlich kann er deshalb die theoretische Trennung von Recht und Moral auch nicht durchhalten, vgl. unten S. 61.
[16] E § 54 (94 FBn. 10).
[17] *Welcker*, Letzte Gründe von Recht, Staat und Strafe, 71 ff. Dazu *Schreiber*, Rechtspflicht, 85 ff.
[18] E § 7 (13), E § 8 (16).
[19] E § 11 (20).
[20] E § 2 (5).
[21] *Welzel*, Rechtsgeltung, 10, sieht deren Ursprung bei *J. Bremer* (1858).

1. Kap.: Naturrecht und Staatlichkeit des Rechts

jener die Anerkennung nur auf die Objektivierung einer individuellen Rechtssphäre bezieht und die Gewährleistung davon gedanklich getrennt wissen will, differenziert Falck nicht. „Der rechtliche Character einer Vorschrift, oder die Form des Rechts entsteht durch die allgemeine Anerkennung derselben in dem Vereine, welcher zu ihrer Gewährleistung ist gestiftet worden[22]." Welcker „läßt folglich den Rechtsbegriff dem Staate vorangehen"[23], bei Falck hingegen entsteht Recht erst kraft staatlicher Garantie. Anerkennung und Macht scheinen dabei gleichermaßen auf die Realgrundlage der Rechtsgeltung zu zielen. Auch der Versuch, Falcks Lehre als generelle Anerkennungstheorie zu interpretieren, verspricht keinen Erfolg. „Durch die vom Staate (!) anerkannten Grundsätze ist die Nothwendigkeit begründet, die darunter befaßten Handlungen vorzunehmen oder zu unterlassen. Diese Folge der Gesetze heißt eine Verbindlichkeit...[24]." Ließen die Ausführungen Falcks bisher noch vermuten, daß „der gesuchte Unterschied der Pflichten" weder in ihrem Inhalt noch in ihrer verschiedenen Verpflichtungsweise, sondern allein durch die Art ihrer Befolgung begründet sei[25], so wird dieser interpretatorische Denkansatz jetzt desavouiert — die Pflicht, die „Verbindlichkeit", ist eine „Folge der Gesetze". Ebensowenig verträgt sich „Anerkennung" durch den „Staat" mit einer Anerkennungstheorie. Wie — modern differenziert — die legitimierende Funktion der individuellen Anerkennung durch den Normbetroffenen[26], so ist auch die Erklärung einer von der Erzwingbarkeit verschiedenen Faktizität des Rechts durch eine generelle Anerkennung[27] nur unter der Voraussetzung einer strengen Trennung von Normgeber (Staat) und Normunterworfenen (Individuum bzw. Gesellschaft) sinnvoll. Dagegen steht nicht nur die Beziehung der Anerkennung auf den Staat, sondern auch die Unklarheit Falcks in der Bestimmung dessen, was Staat und Gesellschaft konstituiert, unterscheidet oder verbindet — bezeichnend für jene Zeit des Übergangs zwischen altständischem und modernem Staatsdenken[28]. „Bürgerliche Gesellschaft", „Staat" und „der Name Volk", das alles ist, sagt Falck, „häufig .. gleichbedeutend"[29]. Hier begegnet die aristotelisch-

---

[22] E § 7 (13).
[23] E § 54 (95 FBn. 10). *Welcker*, Recht, Staat und Strafe, 80: „Es ist aber der Irrthum zu vermeiden, als könne das Recht erst im Staate, als der geordneten Vereinigung zur vollkommensten Realisirung desselben, entstehen." Zwang setzt Recht schon voraus (*Welcker*, aaO, 81).
[24] E § 6 (12).
[25] E § 51 (91), zitiert oben 1. Kap. 1 a. E.; ein Gedanke, der *Pufendorf* und *Kant* gleichermaßen von *Thomasius* unterscheidet; *Welzel*, Naturrecht und materiale Gerechtigkeit, 166.
[26] *Welzel*, Rechtsgeltung, 10.
[27] *Welzel*, aaO, 13.
[28] *Böckenförde*, Verfassungsgeschichtliche Forschung, 42, und Ders., Gesetz, 71 FBn. 1.
[29] E § 2 (4 f.).

klassische Gleichsetzung von civitas, res publica und societas civilis[30]. Die im Begrifflichen noch nachwirkende, auf dem Vertragsgedanken beruhende Staatskonstruktion des Naturrechts (die Vorstellung vom „gestifteten Verein"[31]) macht es vollends unmöglich, jene moderne Sonderung der Bezugspunkte, die mit den Anerkennungstheorien und ihrer Funktion verbunden ist, in der Lehre Falcks angelegt zu finden[32]. Er unterscheidet in Beziehung auf die „Anerkennung" nicht nachweisbar zwischen den materialen Gründen der verpflichteten Kraft und weder zwischen der faktischen Geltungsweise der Norm noch ihrem geistigen Sein[33]. Ebensowenig geht es ihm darum, zwischen Recht und Sittlichkeit zu vermitteln; es gilt vielmehr, theoretisch die strenge „Geschiedenheit" beider Bereiche zugrunde zu legen[34]. In dieser Autonomie des Rechts und in seiner Positivität im Sinne der Bestandsform besteht sein „eigenthümlicher Character". Unter solchen Aspekten werden Zwang, Gewährleistung und Anerkennung gleichermaßen als „staatlich" prädikatisiert, und in diesem Sinne erscheinen sie als nur tautologische Umformungen des gleichen Gedankens.

So läßt sich als Zwischenergebnis lediglich festhalten, daß aufklärerische Wertvorstellungen den allgemeinen geistesgeschichtlichen Hintergrund eines formalen Rechtsbegriffs bilden, dessen empirisches Element das „Dasein" des Rechts erklärt.

3. Die Regelungsbereiche des Rechts

Aus dieser empirischen Natur des „Instituts" Staat „folgt ferner von selbst, daß der Umfang, in welchem die Staatsanstalt wirksam werden soll, und das Gebiet der Zwangspflichten keineswegs durch die Vernunft bestimmt wird"[1]. Dennoch handelt Falck „von dem Umfange der Vor-

---

[30] Sie findet sich noch bei *Kant*, Metaphysik der Sitten, Rechtslehre, 2. Teil, Das Staatsrecht, 429 ff., bes. 432 (§§ 43 ff., bes. § 46).
[31] E § 3 (6).
[32] Ganz deutlich undifferenziert auch bei *Thibaut*, Enzyklopädie, 44 f.: Die Gesetze werden „durch Anerkennung ... geltend", und d. h., „durch ausdrückliche oder stillschweigende Verträge", oder dadurch, daß „die Unterthanen einen Gesetzgeber anerkennen".
[33] Zum letzteren *Henkel*, Einführung in die Rechtsphilosophie, 445.
[34] Der letzte Grund für die Unmöglichkeit, einen festen Anhalt für den Sinn einer Anerkennung zu finden, ist, daß *Falck* (vgl. 4. Kap. 2 c) nicht von einem strengen Dualismus von „Sollen" und „Sein" ausgeht (zur Bedeutung dieser Differenz in diesem Zusammenhang vgl. *Welzel*, Rechtsgeltung, 22). Allenfalls läßt sich der untypische Gebrauch des Topos „Anerkennung" dahingehend deuten, daß *Falck* Anerkennung und staatliche Sanktion als zusammenhängende Faktoren auffaßt, die in funktionaler Verbindung das reale „Dasein" des Rechts bewirken (in derart dialektischem Sinne — anders als z. B. *Welzel—Henkel*, Einführung in die Rechtsphilosophie, 443 f. m. w. N.).
[1] E § 51 (91).

schriften, aus welchen das Recht besteht"². Die Bestimmung dieses Bereichs geschieht im Wege der Entwicklung des Begriffs des Staates und der Anschauung seiner Wirklichkeit. Der Gang der Argumentation deutet zugleich typische Aspekte seiner methodologischen Position an.

Der Staat wird, wo es um den „vorläufigen Begriff des Rechts und der Rechtswissenschaft"³ geht, begrifflich eng und formal als Bedingung einer Rechtsordnung überhaupt gefaßt. Diese „Idee"⁴ des Staates als Institution, die die faktische Durchsetzung der Rechte garantiert, genügt zur Ablehnung des Vernunftrechts und zur Erklärung der Positivität des Rechts.

Eine erste inhaltliche Konkretisierung bringen die Passagen über „Zweck" und „Nothwendigkeit" des Staates⁵. Hier wird die Friedensfunktion in den Rechtsbegriff eingeführt und dem Staat — dies als sein notwendiger „Zweck" — die Aufgabe zugewiesen, den Frieden, d. h. die Integrität der Gesamtheit jener Individualsphären, zu schützen. Diese Auffassung vom Staat als „Vereinigung einer größeren Anzahl von Individuen zur gegenseitigen Gewährleistung des öffentlichen Friedens"⁶ erinnert exemplarisch an die vereinsförmige, zweckorientierte Betrachtungsweise Justus Mösers⁷. Demnach muß es als „ursprüngliche Bestandtheile jedes Rechts" Vorschriften geben, „die das Verhältniß der einzelnen Individuen zu einander, in Beziehung auf eine freie und sichere Existenz, bestimmen", und solche, „welche die Gesellschaft als Gesammtheit oder die Staatsverbindung zu erhalten bestimmt sind"⁸.

Bis hierher verzichtet Falck auf jede historische Ableitung. Das Sein des Staates wird nicht aus seinem Werden entwickelt⁹ und darüber hinaus nicht als seine empirische Existenz verstanden, sondern begrifflich verkürzt: bedeutsam ist allein der für die Bildung des Rechtsbegriffs relevante abstrakte Aspekt, eine „Idee" des Staates. Erst die nun folgende „historische Ansicht von der Entstehung des Staats"¹⁰ führt zu weiterreichenden Einsichten. Das, „was wir geschichtlich von den Zwecken der Staaten alter und neuer Zeit wissen", und die „Forderungen, die jeder an die Staatsverbindung macht", stehen sogar „im Widerspruch" zu der abstrakt-begrifflichen Argumentation. Die Völker legten

---

² Überschrift zu E § 4 (9).
³ Überschrift zu E § 1 (3).
⁴ E § 51 (91).
⁵ E § 2 (4 ff.).
⁶ E § 2 (5).
⁷ Dazu *Dilthey*, Das 18. Jahrhundert und die geschichtliche Welt, 254, und *Rathjen*, Die Publizisten des 18. Jahrhunderts und ihre Auffassung vom Begriff des Staatsrechts, 87 ff.
⁸ E § 4 (8).
⁹ Zu dieser (programmatisch zu verstehenden) methodischen Grundposition der historischen Schule vgl. vorläufig *Wilhelm*, Methodenlehre, 17 f.
¹⁰ Überschrift zu E § 3 (6 ff.).

nämlich „die Überzeugung an den Tag ..., daß sie selber Individuen einer höheren Ordnung sind, und daß die Staatsverbindung, als Form und Bedingung ihrer Individualität, einen selbstständigen Werth für sie habe". So richteten sich Staatsvorschriften „immer und allenthalben", wenn auch in einem nach Zeit und Ort „verschiedenen Grade", auf die „Erhaltung mancher andern Güter des Lebens"[11], und zwar „nicht bloß als Bedingungen der Rechtsordnung, sondern um ihrer selbst willen". Das gelte stets für „Gottesfurcht und gute Sitten"[12]. Diese Vorschriften, „welche aus dem religiösen und sittlichen Element der Gesellschaft entspringen"[13], und „deren Befolgung der Staat verlangt"[14], ergeben sich nicht aus seinem „Begriff", sondern erst bei „historischer" Betrachtung. Sie bilden die dritte „Classe" jener „ursprünglichen Bestandtheile jedes Rechts"[15].

Das historisch-empirische Argument erklärt sich daraus, daß „im wirklichen Leben nicht der Begriff, sondern das Bedürfniß entscheidet"[16]. Es steht unverbunden neben (oder sogar „im Widerspruch" zu) der Ableitung aus den beiden konstituierenden Merkmalen des Rechtsbegriffs, der Individualsphäre und der Schutz- und Garantiefunktion des Staates. Bei dieser Begriffsentwicklung wird der Staat wertneutral und funktional als schlichte Bedingung der Möglichkeit von „Recht" überhaupt vorausgesetzt.

Andere differenzieren zu dieser Zeit nicht in dieser Weise. Sie beziehen ein geschichtliches Mandat des Staates zur Verwirklichung der sittlichen Idee und des Geistes schlechthin voll in ihr Rechtsdenken ein. Bei Savigny ist der Staat selbst ein organisches Gebilde des Rechts, von ihm getragen und erzeugt[17]. Das Recht wiederum ist eingebettet in das übergreifende Ganze des Volksgeistes, der in einem organischen Entwicklungsprozeß ein material aufklärerisches Prinzip[18] als seine Entelechie verwirklicht, die „Umgebung" der „überall gleichen ... Freiheit des Menschen" durch „Rechtsinstitute"[19].

Die Gegenposition zu dieser Verhältnisbestimmung von Recht und Staat wird von den hegelianischen Kritikern bezogen: „Denn das Recht ist seinem Wesen nach ein Theil in dem Organismus des Staatslebens; es bildet sich daher nach ihm, und sein Werth ist eben davon abhängig,

---

[11] E § 3 (6).
[12] E § 3 (7 f.).
[13] E § 4 (8).
[14] E § 3 (6).
[15] E § 4 (8).
[16] E § 3 (7). Dieses Zitat steht bei *Falck* in einem etwas spezielleren Kontext, scheint aber gut geeignet, ohne Sinnverschiebung das hier Gemeinte wiederzugeben.
[17] *Savigny*, System I, 22.
[18] *Böckenförde*, Historische Rechtsschule, 19 FBn. 33.
[19] *Savigny*, aaO, 55.

ob es mit demselben in seiner Grundidee und in seinen Besonderungen übereinstimmt[20]."

Demgegenüber ist Falck die „Idee" eines „organischen" Staates[21] nirgends Maßstab für den „Werth" des Rechts. Gewisse Anklänge in dieser Richtung enthält allenfalls jene (bereits zitierte) Stelle[22], die von der Überzeugung der Völker berichtet, Individuen höherer Ordnung zu sein, die dem Staat einen „selbstständigen Werth" beimessen. Das aber findet sich im nur „historischen" Begründungszusammenhang. Falck versucht andererseits vor allem, die rechtlich relevanten Aspekte des Staates begrifflich herauszuarbeiten, ein Bemühen, das naturrechtlichem Staatsdenken eigentümlich ist[23]. Gerade diese Zweispurigkeit der Argumentation zeigt, daß Falck organologischen Theoremen fern steht. Der doppelte Ansatzpunkt bei „Begriff" und „Geschichte" des Staats eröffnet sogleich Ausblicke auf methodische Unterschiede zu Savigny und seiner Schule, vor allem auf das Problem des rechtswissenschaftlichen Stellenwerts und der erkenntnistheoretischen Bedeutung der Geschichte. Das sei einstweilen nur angemerkt.

Jene Beweisführung erbrachte nur die „ursprünglichen" Kategorien rechtlicher Ordnung. Es ist nachzutragen, daß der gesamte Regelungsbereich damit nicht abschließend umrissen ist.

„Demnächst sind die Vorschriften des Staats nicht nothwendig auf das Gebiet beschränkt, welches durch die angegebenen Momente bestimmt wird, sondern können sich auf alle Handlungen, die auch nur mittelbarer Weise mit dem Wohl und der Sicherheit des Ganzen in Verbindung stehen, erstrecken, damit durch den Staat das gesellige Leben so sicher, so würdig und so angenehm werde, als ... möglich ist. Für den Umfang des Rechts gibt es daher in abstracto keine Grenze[24]." Zum gleichen Ergebnis, das hier mit dem Leitbild des aufgeklärten Absolutismus inhaltlich begründet wird, gelangt Falck auch auf formalem Wege, nämlich auf Grund der logischen Unverträglichkeit rationaler Bereichsbestimmung mit empirischer Begründung des Rechts durch das Kriterium „Staat"[25]. Ob mit der so verstandenen Staatlichkeit des Rechts ein Gesetzgebungsauftrag oder gar -monopol des Staates verbunden ist, bleibt späterer Darstellung vorbehalten. Alles Recht aber, so viel ist sicher, ist staatliches Recht, in einem Staate und durch einen

---

[20] *L. v. Stein*, Zur Charakteristik der heutigen Rechtswissenschaft, Dtsch. Jb. Wiss. u. Kunst 4 (1841) 377.
[21] Zum Organismusbegriff dieser Zeit vgl. *E. Kaufmann*, Über den Begriff des Organismus in der Staatslehre des 19. Jahrhunderts, 5 f.
[22] E § 3 (6).
[23] *Rexius*, Studien zur Staatslehre der historischen Schule, HZ 107 (1911) 502. Diesem Denken entspricht, wenn überhaupt, eine andere Vorstellung vom „Organismus", vgl. *E. Kaufmann*, aaO, 3 f.
[24] E § 4 (9).
[25] E § 51 (91), zitiert 1. Kap. 3) 1. Absatz.

Staat geltendes Recht. Und hierauf war die Untersuchung in diesem Teil hauptsächlich gerichtet: zu zeigen, wie Falck mit welcher „Idee" des Staates operiert, um die Positivität allen Rechts zu begründen. Diese Frage stellt sich aber nun — bedeutet ihm Positivität zugleich Positivismus, oder hat die Rechtswissenschaft den Wert des Rechts zu messen, nach dem richtigen Recht zu suchen?

Zweites Kapitel

Rechtswissenschaft und Philosophie des positiven Rechts

Acht Jahre nach seiner „Kritik des natürlichen Rechts" hat Feuerbach das empirische Element des Rechtlichen gewürdigt. In seiner Landshuter Antrittsrede „Über Philosophie und Empirie in ihrem Verhältnis zur positiven Rechtswissenschaft" legt er dar, daß das Naturrecht nur die sittliche Idee, den Begriff des Rechts als des Rechten, liefern könne. „Unabhängig von aller positiven Gesetzgebung liegt in der menschlichen Natur als die letzte Quelle aller Rechte... das Gesetz der Vernunft, das wir ... das R e c h t s g e s e t z nennen, ewig wie die Vernunft selbst, frei von dem Wechsel der Erfahrung ... Die Entdeckung dieses Gesetzes ist das Werk des Philosophirens... Allein dieses Gesetz, obgleich durch sich selbst a l l g e m e i n g ü l t i g, kann dennoch als b l o ß e s V e r n u n f t g e s e t z nicht allgemeingeltend werden[1]." Der „rechtliche Stand", der „Zustand" des Rechts erfordert die Transformation aus einem „Vernunftgesetz" in ein „Positivgesetz"[2]. Daher gilt: „In dem Gesetze des Rechts erkenne ich noch nicht die Rechte selbst, in ihm habe ich nur das P r i n c i p und das K r i t e r i u m ihrer Erkenntniß[3]."

Eine Rechtswissenschaft, die nicht nur beansprucht, ihren Gegenstand „aus einem Gegenstande der Philosophie in ein Objekt des positiven Wissens verwandelt" zu haben[4], sondern sich dennoch und zugleich als „philosophische" versteht[5], hat den Begriff des Philosophischen neu zu bestimmen und zu präzisieren.

So umreißt Hugo die „wissenschaftliche Kenntnis des Rechts" in drei Problemkreisen: „I. Was ist Rechtens? II. Ist es vernünftig, das es so sey? III. Wie ist es Rechtens geworden?[6]."

Vor dem Hintergrund der Begriffe von Philosophie und Geschichte, wie sie die französische Enzyklopädie klassisch formuliert hatte, greift

---

[1] *Feuerbach,* Empirie, 11 f.
[2] *Feuerbach,* aaO, 12.
[3] *Feuerbach,* aaO, 18.
[4] *Feuerbach,* aaO, 12.
[5] Zu diesem Ideal der Rechtswissenschaft um 1800 *Wieacker,* Privatrechtsgeschichte, 367.
[6] *Hugo,* Enzyklopädie, 2. Aufl. 1799, 15.

Hugo später die Lehre Kants von der Kenntnis a priori und a posteriori auf und konzipiert das Wissenschaftssystem nurmehr dualistisch. „Der wirkliche (rechtliche) Zustand ist a posteriori, empirisch, nach Zeit und Ort verschieden, zufällig, durch eigene und fremde Erfahrung von Tatsachen zu erlernen, geschichtlich"[7], während „alles Philosophiren auf Erforschen, auf Selbstdenken, auf Unabhängigkeit von fremden Vorschriften beruht"[8]. Dabei nimmt Hugo den Begriff „geschichtlich ... in vollem Sinne des Worts, wobei freilich historisch passender ist, weil es auch das begreift, was noch besteht"[9]. Daraus resultiert jene Spannung zwischen Philosophie und positiv geltendem Recht, die im Vernunftrecht per definitionem nicht enthalten war[10]. Es ist nun gerade die Verbindung „einander ... entgegengesetzter Kräfte und Ansichten, deren gemeinschaftliche Wirkung ... eine Art von Geistesbeschäftigung ausmacht"[11], nämlich „die gelehrte, liberale Jurisprudenz"[12]. Rechtswissenschaft besteht aus Rechtsgeschichte und Rechtsphilosophie. In dieses Wissenschaftskonzept paßt nun allerdings der überkommene vernunftrechtliche Gedanke nicht, „der einen Inbegriff von juristischen Wahrheiten aus bloßen Vernunftgründen darzuthun versuchte"[13]. Denn dieses „Naturrecht war ... eine mehr oder weniger vollständige Encyclopädie unseres positiven Rechts, die dadurch, daß sie fast alles bey uns Bestehende für wesentlich ausgab, geradezu jeder freyeren philosophischen Ansicht entgegen wirkte"[14]. Vielmehr gelte es, dieses dogmatische Naturrecht durch eine Rechtsphilosophie mit kritischer Funktion[15] zu ersetzen und zu überwinden.

Die „Philosophie des Rechts", um die es sich bei der zweiten Frage handele, sei „theils die Metaphysik über die bloße Möglichkeit (Censur und Apologetik des positiven Rechts nach Principien der reinen Vernunft) theils die Politik über die Rathsamkeit eines Rechtssatzes (Beurtheilung der technischen und pragmatischen Zweckmäßigkeit nach empirischen Daten der juristischen Anthropologie)"[16]. Ein Recht, wie es sein sollte, kann durch kritischen Vergleich mit dem Recht, wie es ist, nur entworfen werden, wenn sich eine Argumentation aus der Ver-

---

[7] *Hugo*, Enzyklopädie, 6. Aufl. 1820, § 26, zitiert nach *Viehweg*, Einige Bemerkungen zu Gustav Hugos Rechtsphilosophie, 84 (die 6. Aufl. 1820 der Enzyklopädie *Hugos* war mir nicht zugänglich).
[8] *Hugo*, Philosophie des positiven Rechts, 1.
[9] *Hugo*, Enzyklopädie, 8. Aufl. 1835, 19.
[10] *Viehweg*, Einige Bemerkungen zu Gustav Hugos Rechtsphilosophie, 84.
[11] *Hugo*, Philosophie des positiven Rechts, 1; vgl. auch *Buschmann*, Ursprung und Grundlagen der geschichtlichen Rechtswissenschaft. Untersuchungen und Interpretationen zur Rechtslehre Gustav Hugos, 148 ff.
[12] *Hugo*, Enzyklopädie, 2. Aufl. 1799, 15.
[13] *Hugo*, Philosophie des positiven Rechts, 7.
[14] *Hugo*, aaO, 9.
[15] *Hugo*, aaO, 34.
[16] *Hugo*, Enzyklopädie, 2. Aufl. 1799, 15.

nunft bis zu dem konkret-materialen Niveau des positiven Rechts entfalten läßt. Nach Kant ist nun zwar eine apriorische Sozialethik aus praktischer Vernunft begründbar — sie führt aber nur zu den „obersten praktischen Principien"[17]. Hugo hat dies durchaus erkannt. „Begriffe und Sätze a priori, Metaphysik, ... entscheiden nichts, als die Form, welche an und für sich durchaus auf alles paßt oder vielmehr völlig leer ist; der Inhalt muß also aus Erfahrung und Geschichte gewonnen werden..." Daher sei „des Metaphysischen außerordentlich wenig, die Censur des positiven Rechts nach der practischen Vernunft (gäbe) so gar kein materielles Resultat"[18]. Er entwirft daher eine empirische juristische Anthropologie[19]. So faßt Falck nicht ganz korrekt zusammen: Hugo habe „dem Naturrecht die Philosophie des positiven Rechts, Vernunfterkenntniß aus Begriffen über das, was im Staate Rechtens seyn kann, substituirt, welche in wissenschaftlicher Beziehung die Stelle des Naturrechts vertreten soll"[20].

Nun meint zwar auch Falck, es könne keinem Zweifel unterliegen, „daß es eine würdige Aufgabe der Wissenschaft und eine besonders für den Juristen nützliche Beschäftigung sey, die gangbaren Rechtsgrundsätze und Institute mit den Forderungen der Vernunft und mit den Lehren der Erfahrung über Staatseinrichtungen und Rechtsverhältnisse zu vergleichen"[21]. Die Frage jedoch, ob eine „Philosophie des positiven Rechts" als „Vernunfterkenntniß aus Begriffen" erkenntnistheoretisch überhaupt möglich sei, stellt Falck sich nicht. Indessen ist er auch gar nicht bemüht, eine „Philosophie des positiven Rechts" zu entwickeln. Im Gegenteil: „Die philosophische Behandlung des Rechts scheint uns indeß ein sehr zweideutiger Ruhm zu seyn. Beschränkt man den Begriff des Philosophischen auf die bloße Methode, und will man damit nur die wissenschaftliche Behandlungsweise überhaupt bezeichnen, so muß freilich jede gelungene juristische Arbeit zugleich philosophisch genannt werden können. Gewöhnlich ist jedoch eine andere Idee dabei vorherrschend. Da tritt aber leicht die Gefahr ein, daß Resultate der philosophischen Wissenschaften in das Recht hinüber versetzt werden, und statt die juristische Methode zu vervollkommen, durch fremdartige

---

[17] *Kant*, Grundlegung zur Metaphysik der Sitten, 40.
[18] *Hugo*, Philosophie des positiven Rechts, 2. Aufl. 1799, 51 ff.
[19] Dazu *Viehweg*, Einige Bemerkungen zu Gustav Hugos Rechtsphilosophie, 87 ff., und *v. Hippel*, Gustav Hugos juristischer Arbeitsplan, 79 ff.
[20] E § 53 (94).
[21] E § 54 (94). *Falck* war hier offenbar mißverstanden worden. In einem Brief an *Mittermaier* vom 2. 5. 1841 (Heidelberg, Hs. 2746) stellt er klar: „Ich ermahne die jungen Leute, während ihrer Studienjahre sich auf das gemeine Recht zu concentriren und vor allen Dingen das ius constituum, nicht aber das ius constituendum vor Augen zu haben; nicht auf das zu sehen, was ... zweckmäßig ist, sondern auf das, was gilt." Er bleibt allerdings dabei, daß er jene Erwägungen nicht „für die eigentliche Rechtstheorie von wesentlichem Nutzen" hält.

2. Kap.: Rechtswissenschaft und Philosophie des positiven Rechts 31

Grundsätze der Entwicklung des Rechts hinderlich werden. Nach unserer Überzeugung hängt die Vervollkommnung jedes Rechts (was die Methode betrifft) ganz besonders davon ab, daß das rechtlich Nothwendige, oder dasjenige, was in dem Daseyn der bürgerlichen Gesellschaft enthalten und daraus zu entwickeln ist, von demjenigen geschieden werde, was nach sittlichen Ideen seyn sollte, oder nach politischen (teleologischen) Prinzipien als zweckmäßig erscheint[22]."

Und da Falck unter Politik „die Lehre von den durch die practische Vernunft gebotenen oder erlaubten Staatszwecken, und von den Mitteln, durch welche, der Erfahrung zufolge, jene Zwecke am sichersten erreicht werden können" versteht[23], gehört „die Philosophie des positiven Rechts zu den politischen Wissenschaften, und ist nichts anderes als die Behandlung der juristischen Materien nach den Grundprinzipien der Politik"[24]. Solche Politik wird nach aristotelischem Muster als „praktische" Philosophie begriffen, als Teil der „philosophia practica sive moralis"[25]. Mit der Frage aber, was Recht ist, mit wissenschaftlicher Durchdringung des geltenden Rechts, hat sie nichts zu tun. „Diese Wissenschaft gehört daher nicht in den Kreis der juristischen Disciplinen[26]."

Das heißt nun für die Philosophie: „Die Vollkommenheit der juristischen Methode würde also gerade in einer völligen Absonderung der Philosophie von dem Gebiete des Rechts bestehen, — und nur in so weit kann die Philosophie für das Recht nützlich werden, als sie eben die Geschiedenheit beider Gebiete und die eigenthümliche Sphäre, in welcher sich das juristische Wissen bewegt, erkennen und beachten lehrt[27]."

Das vorhin gewonnene Zwischenergebnis hat sich nachdrücklich bestätigt. Die Rechtswissenschaft ist eine positive Wissenschaft in dem Sinne, daß nur geltendes Recht ihr legitimer Gegenstand ist. Aber auch die Überprüfung des positiven Rechts anhand materialer Gerechtigkeitskriterien ist nicht Aufgabe des Juristen im eigentlichen Sinne. Rechtsphilosophie, wie sie Hugo und Feuerbach formuliert haben, hat (sei es als vernunftgemäße oder als empirische oder in einer Kombination beider Elemente) stets kritische Funktion. „Die Geschichte", so heißt es dort, „muß nach der Philosophie beurtheilt werden..."[28]. Falcks „eigen-

---

[22] Historisch-juristische Analecten, 180. Das Zitat entstammt einer zustimmenden Besprechung der — mit *Falck* nach seinem Urteil übereinstimmenden — Ansicht *Oersteds*.
[23] E § 53 (93 FBn. 8). Ebenso *Feuerbach*, Kritik, 41: „Die Wissenschaft der tauchlichsten Mittel zum Zweck des Staats."
[24] E § 53 (94).
[25] Zu diesem Traditionszusammenhang vgl. *Hennis*, Politik und praktische Philosophie, 29 ff. (31).
[26] E § 53 (94).
[27] Historisch-juristische Analecten, 180.
[28] *Hugo*, Philosophie des positiven Rechts, 4.

thümliche Sphäre, in welcher sich das juristische Wissen bewegt"[29], ist dagegen, das läßt sich jetzt schon vermuten, die der reinen Dogmatik. In diesem Sinne bezeichnend ist, daß Falck die naturrechtlichen Versuche nicht etwa ablehnt — wie Hugo —, weil sie eine dogmatisierende Tendenz aufweisen. Er wirft ihnen nur vor, die Geltungspositivität allen Rechts verkannt zu haben. Falck will, wie gesagt, dem Juristen politisch-moralische, kritische Denkweise nicht schlechthin verbieten. Er macht ihn nur darauf aufmerksam, daß er dann die Grenzen der „Rechtswissenschaft" verläßt. Damit konturiert Falck den Begriff der Rechtswissenschaft sehr scharf.

In diesem Punkt berührt sich seine Lehre mit der John Austins.

Austin hat die Enzyklopädie Falcks gekannt und besonders in ihren ersten Teilen, die jenen gelungenen Abriß des Naturrechts und seine Kritik enthalten, durchgearbeitet[30]. Damit soll nicht der Versuch angekündigt werden, Einflüsse oder auch nur Anregungen zu behaupten und nachzuweisen. Die Untersuchung wird sich (jetzt und im Folgenden) darauf beschränken, Parallelen aufzuzeigen und Divergenzen anzumerken.

Austin verfolgt bei seinem Vorhaben, die „Province of Jurisprudence determined" abzustecken, das gleiche Anliegen wie Falck. Auch er trennt die Frage nach dem, was Recht ist, streng von der anderen, was Recht sein sollte. „I mean by 'the science of ethics' (or by 'the science of deontology'), the science of law and morality as they respectively ought to be." Oder, prägnanter noch: „ ... The science of legislation (or of positive law as it ought to be) is not the science of jurisprudence (or of positive law as it is) ...[31]."

Das hängt damit zusammen, daß — eine weitere Übereinstimmung — geltendes Recht bei Austin[32] und Falck nur in einem Staate denkbar ist, besser gesagt existent ist. Denn um das „denkbare" Recht geht es gerade nicht. Jurisprudence, Rechtswissenschaft fragt nicht mehr, wie bei Christian Wolff[33], nach der Möglichkeit und den Bedingungen der Möglichkeit eines Rechts, sondern nach der Struktur und dem „inneren" Zusammenhang des aktuell vorgefundenen, geltenden Rechts[34].

---

[29] Historisch-juristische Analecten, 180.

[30] *Schwarz*, Austin, 86; zu *Austin* und seinen Beziehungen zu Deutschland vgl. besonders *Gagner*, Ideengeschichte, 92 ff.

[31] *Austin*, Lectures, 85; vgl. auch *Gagner*, Ideengeschichte, 95, und Encyclopedia of Philosophy, 210.

[32] *Austin*, Lectures, 35 (auch 339): "Every positive law, or every law simply and strictly so called, is set by a sovereign individual or a sovereign body of individuals, to a person or persons in a state of subjection to its author." *Austin*, aaO, 37: "Every positive law, or rule of positive law, exists as such by the pleasure of the sovereign."

[33] *Schönfeld*, Grundlegung der Rechtswissenschaft, 344.

[34] Für *Austin* vgl. *Eckmann*, Rechtspositivismus und sprachanalytische Philosophie, 21 ff.

Ob Falck, wie Austin, die Qualität einer Norm als Rechtsnorm funktional mit einem staatlichen Rechtssetzungsakt verbindet, ist ein Thema der Rechtsquellenlehre. Sie eröffnet zugleich den unmittelbaren Zugang zur eigentlichen Rechtslehre Falcks, die bisher überwiegend vom Negativen her eingegrenzt wurde.

Drittes Kapitel

Von den Rechtsquellen[1]

1. Ein Überblick

Die folgende Übersicht würde Falck vielleicht als Beispiel für „formelle, äußere Encyclopädie"[2] angesprochen haben. Sie dient zur ersten Orientierung und terminologischen Klärung.

„Die Normen selber, welche das Materielle des Rechts ausmachen, entspringen theils aus den Verhältnissen, in denen sich die Einzelnen von Natur befinden, und die gegen Störungen gesichert werden sollen, theils durch das mit unbewußter Freiheit sich entwickelnde Leben eines Volks, theils endlich aus einer auf die Rechtsbildung gerichteten absichtlichen Wirksamkeit[3]."

„Es giebt demnach drei Rechtsquellen, nämlich die ursprüngliche Natur der menschlichen Verhältnisse, das Leben des Volks und die gesetzgebende Gewalt."

Die „Producte" der beiden letzten Rechtsquellen sind die „Gewohnheiten" und die „Gesetze". Sie können „mit Rücksicht auf die Bedeutung des Wortes Recht", das nämlich nicht nur „die in einem Volke geltenden Normen selber", sondern auch „deren wissenschaftliche Darstellung bezeichnet, in einem anderen Sinne ebenfalls Rechtsquellen genannt werden. Am gewöhnlichsten versteht man unter Rechtsquellen gerade die Erkenntnißquellen der Jurisprudenz"[4].

Der naturrechtliche Anspruch, aus dem Inhalt, der Gültigkeit eines Satzes dessen Geltung abzuleiten[5], wird nicht mehr erhoben. Das „Materielle des Rechts" gehört einem anderen Begründungszusammenhang an als der „rechtliche Character", die „Form des Rechts"[6].

---

[1] Überschrift zu E § 7 (13).
[2] E § 24 (41).
[3] E § 7 (13).
[4] E § 7 (14).
[5] Noch *Pütter* verfährt so, vgl. *Marx*, Die juristische Methode der Rechtsfindung aus der Natur der Sache bei Johann Stephan Pütter und Justus Friedrich Runde, 98. Zum undifferenzierten vorkantisch-naturrechtlichen Geltungsbegriff vgl. auch *Binder*, Über kritische und metaphysische Rechtsphilosophie, Archiv f. Rechts- und Wirtschaftsphilosophie 9 (1915/16) 19 FBn. 4.
[6] E § 7 (13). Zu den hierfür maßgeblichen Kriterien vgl. 1. Kap. 2).

2. Der Begriff des „positiven" Rechts

Die Art der „Erkenntnißquellen" eröffnet eine weitere Möglichkeit, Normen zu klassifizieren. „Lehren und Vorschriften, die nur durch Zeugnisse erkannt werden können, heißen p o s i t i v e, und so ebenfalls die solche Lehren und Vorschriften behandelnden Wissenschaften[1]." Und „da Gewohnheiten und Gesetze auf keine andere Weise, als durch Zeugnisse erkannt werden können", ist die „Jurisprudenz zum Theil eine positive Wissenschaft"[2].

Falcks Lehre wurde bereits positivistisch genannt. Der Grund war einmal, daß er Recht und Moral begrifflich streng scheidet. Positivist ist ferner, wer den Gegenstand eines Rechtssatzes oder die Fakten, die als rechtsbildend angenommen werden, empirischer Erforschung unterwirft. Keine dieser Bedeutungen trifft genau den Sinn, in dem Falck den Begriff hier gebraucht; er knüpft anders an. Positiv sind Normen, die durch Positiva als existent erkannt werden können. Die Rechtssätze selbst sind erfahrbar — so der Gedankengang Falcks —, soweit sie sich in Fakten manifestieren. Aus dem doppelten Bezug der Rechtswissenschaft als einer Normwissenschaft ergibt sich diese weitere Bedeutung des Begriffs Positivismus. Solche empirisch auffindbaren Daten sind die Gewohnheiten und Gesetze, jeweils verstanden als „mündliche oder schriftliche Willenserklärung, welche rechtliche Vorschriften enthält"[3]. Die Gesetzgebung als geschehener Akt und die Gewohnheit als geübtes Verhalten sind zugleich „historische Erscheinungen"[4]. „Historisch" bedeutet in diesem Zusammenhang nichts anderes als „empirisch" in dem eben fixierten Sinne: die Orientierung des Denkens an Tatsachen. Es findet sich wohl noch eine andere Abschattierung des „Positiven". So spricht Falck gelegentlich von Gewohnheitsrecht und Gesetz als den „conventionellen und positiven" Elementen des Rechts[5]. In diesem Kontext nimmt „positiv" im Unterschied zum Vertragsgedanken den Sinn von einseitig „gesetzt" an[6].

Nur „zum Theil" jedoch zeigt die Jurisprudenz eine dergestalt „positive Wissenschaft".

„Insofern ... Rechtssätze nicht auf solchen Zeugnissen beruhen, sondern durch die Betrachtung der bürgerlichen Gesellschaft und der einzelnen darin vorkommenden Verhältnisse aufzufinden, und durch Folgerungen aus diesen Thatsachen abzuleiten sind, kann man den Inbegriff dieser Regeln, im Gegensatz des positiven, das n a t ü r l i c h e

---
[1] E § 8 (14).
[2] E § 8 (14 f.).
[3] E § 5 (11).
[4] Betrachtungen, 8.
[5] AaO.
[6] *Fechner*, Rechtsphilosophie, 35. Vgl. auch *Falcks* etymologische Bemerkungen in E § 5 (10).

Recht nennen[7]." „Natürliches Recht" heißt nicht etwa Vernunft- oder Naturrecht im alten Sinne. Falck wird nicht inkonsequent. „Wird nun das Daseyn des Rechts nur als im Staate möglich gesetzt, so muß das natürliche Recht, falls ein solches anzunehmen ist, etwas Anderes seyn, ... und es bleibt kein anderer Begriff übrig, als der Inbegriff solcher Normen, die zwar in einem Staate practisch sind, aber nicht durch den Staat selber hervorgebracht worden, die man im Gegensatz des letztern, als eines k ü n s t l i c h gebildeten Rechts, wol ohne Misverstand ein n a t ü r l i c h e s nennen kann[8]."

---

[7] E § 8 (15).
[8] Betrachtungen, 7.

Viertes Kapitel

„Natürliches Recht" und „allgemeine Rechtslehre"

Die Darstellung orientiert sich am Programm Falcks. „Alle naturrechtlichen Untersuchungen sind nothwendig auf zwei Puncte zu richten: e r s t l i c h auf das Daseyn solcher von der Gesetzgebung[1] unabhängigen Normen in der bürgerlichen Gesellschaft, und s o d a n n auf die Erkenntnißquelle derselben, auch, da es Rechtsnormen sind, auf den Grund ihrer gesetzlichen Gültigkeit[2]."

1. Existenz und Problematik eines „natürlichen Rechts"

Der Ausgangspunkt ist, „daß für jeden streitigen Fall eine g e r e c h t e Entscheidung möglich seyn muß"[3]. Dieses rechtsideologische Axiom war schon in den vernunftrechtlichen Systemen immer mitgedacht. Wenn alles Recht wegen seines Ursprungs in der Vernunft notwendig zugleich richtiges Recht ist, dann muß, wer sich im Besitze des richtigen Rechts glaubt, umgekehrt auch annehmen, damit alles Recht erfaßt zu haben. So kann es keinen Rechtsfall geben, der aus Mangel an Recht ungelöst bliebe. Die Berücksichtigung konkreter gesellschaftlicher Zustände durch ein „relatives", „hypothetisches" Naturrecht ändert an diesem Prinzip nichts[4]. Kodifikatorischer Elan leitet hieraus den Anspruch her, eine bis ins Detail umfassende Regelung in Kraft gesetzt zu haben. Die Abkehr hiervon läßt den Rechtswert der Vollständigkeit unberührt. Er wird in das Postulat der Lückenlosigkeit der systematisierten Rechtsordnung tradiert[5]. Dies besagt, „daß jedes Rechtssystem in jedem gegebenen Zeitmoment, als ein vollständiges Ganzes gedacht werden muß, welches ganz und gar keine Lücken haben ... könne"[6]. Der empirische Befund allerdings bleibt hinter dieser Forderung zurück. „Daß alle positive Gesetzgebungen und Gewohnheitsrechte unvollstän-

---

[1] *Falck* versteht hierunter in diesem Zusammenhang auch das Gewohnheitsrecht, Betrachtungen, 8.
[2] Betrachtungen, 8.
[3] E § 54 (95).
[4] *Wieacker*, Privatrechtsgeschichte, 333.
[5] Vgl. *Wieacker*, aaO, 436 FBn. 19, und *Küper*, Die Richteridee der Strafprozeßordnung und ihre geschichtlichen Grundlagen, 154.
[6] Betrachtungen, 9.

dig sind, und keineswegs für alle vorkommende Fälle Rechtsgrundsätze darbieten, ist eine Thatsache, die nicht geleugnet werden kann[7]."

Das Rechtsverweigerungsverbot aktualisiert nun, was im Axiom der Lückenlosigkeit — mit dem es unter gerechtigkeitsideologischem Aspekt funktional zusammenhängt — nur angelegt ist: „Wird in allen und jeden Fällen ein richterlicher Spruch als unbedingt nothwendig angesehen, so wird er eben damit als möglich gesetzt, oder, was dasselbe heißt, das Daseyn einer Regel als Norm der Entscheidung angenommen[8]."

Der Denkansatz beim Lückenproblem ist bezeichnend für die damalige Situation der Rechtswissenschaft. Zur Zeit vernunftrechtlicher Kodifikationen ist die Lösung des Lückenproblems dem Juristen verboten und dem Gesetzgeber vorbehalten. Erst eine Rechtswissenschaft, die sich als emanzipiert-autonome begreift, sieht sich ernsthaft vor Lücken gestellt, die sie nun selbst zu schließen hat. Die fällige Neubestimmung des Verhältnisses von „Gesetz" und „Recht" wirkt ihrerseits zurück auf Richterbild und Gesetzgebungsideologie. Die Entscheidung, die zu treffen es gilt, muß — darüber ist man sich einig — „gerecht" sein.

Um nun nur einige Fragen aufzuwerfen, die der heutige Betrachter (in gleichsam objektiv-nachträglicher Prognose) mit dem Vorhaben Falcks verbindet: heißt das sachgerecht oder systemgerecht? Wird etwa Sachgerechtigkeit durch systematische „Richtigkeit" verbürgt oder umgekehrt? Müssen Methode und Entscheidungsmaximen für den (gedachten) Rechtsgenossen unmittelbar einsichtig und daher die Entscheidungen vorhersehbar sein, oder darf beides Privileg eines Juristen-„Standes" sein? Wie verhalten sich „Wissenschaft" und „Praxis"? Kann die Methode wissenschaftlich exklusiv konzipiert werden, oder muß sie (auch) „praktisch" verfügbar sein? Sind die gesuchten Normen zu „produzieren" oder nur als vorhanden zu erkennen? Stets dann, wenn (in diesem noch unentschiedenen Sinne) „neue" Rechtssätze bereitzustellen sind, wird die Frage virulent, welchen Einfluß die „Fakten" eines Regelungsbereichs auf ihren Inhalt nehmen (sollen). Es ist kein Zufall, daß sich gerade die Rechtswissenschaft jener Zeit genötigt sieht, das Verhältnis von „Form" und „Stoff", von Philosophie und Empirie zu diskutieren. Und jene Fakten: welcher Art sind sie? Darf man sich mit ihrem Vorhandensein begnügen, oder ist es von Bedeutung, wie sie geworden sind? Erklärt sich ihr Sein womöglich aus ihrem Werden? Wenn der „Stoff" ein irgendwie geschichtlicher ist, wirkt das auf die Methode zurück? Gibt es vielleicht eine juristische Methode, die als von der ontologischen Struktur ihres Gegenstandes unabhängig gedacht oder praktiziert werden kann? Ferner: eine Rechtswissenschaft, die

---

[7] E § 54 (95).
[8] Betrachtungen, 9 f.

nach Verselbständigung strebt und dennoch den Zusammenhang mit der Gesamtkultur zu wahren bemüht ist, kann philosophische Ergebnisse nicht mehr unvermittelt rezipieren. Hier ist nicht nur ihre Beziehung auf das spezifisch „Juristische", sondern gegebenenfalls ihre Geltung als Recht nachzuweisen. Wie ist, anders gefragt, die Sanktion einer Norm zu erreichen, die vom Staat gerade nicht erlassen wurde? Verhilft ihre wie auch immer zu verstehende Gültigkeit allein ihr schon zur Geltung?

2. Die Methode der Auffindung „allgemeiner Rechtswahrheiten"

a) Objekt und Intention

„Die Aufgabe, welche bei Auffindung der Rechtsnormen für unbestimmte Fälle zu lösen ist, kann keine andere seyn, als die allgemeine Anerkennung einer Regel als einer juristischen nachzuweisen. Dazu ist zweierlei erforderlich. Erstlich muß dargethan werden, daß ein Verhältniß zu denjenigen gehöre, die unter der durch den Staat gegebenen Gewährleistung stehen, oder daß ein rechtlicher Schutz für dasselbe gegeben ist. Zweitens ist zu zeigen, welche Bedeutung die zu beurtheilenden Thatsachen, in Beziehung auf das allgemeine Rechtsgesetz, haben... Es kommt also darauf an, daß alle die rechtlichen Folgen, welche mittelbarerweise durch die Thatsache gegeben sind, daß eine bürgerliche Gesellschaft und eine Rechtsordnung existirt, vollständig entwickelt und die einzelnen Rechtsverhältnisse in den factischen Bestandtheilen nach ihrem innern Gehalte genau erkannt werden... Die allgemeinen Rechtswahrheiten beruhen auf einer .... l o g i s c h e n Nothwendigkeit, d. h., auf ihrem absoluten Zusammenhang mit andern anerkannten Sätzen und Lehren. Die allgemeine Rechtstheorie kann daher nur durch eine analytische Entwicklung gegebener Begriffe und durch eine logische Verbindung derselben zu Stande kommen[1]."

Von hier aus kann Falck nun den Anwendungsbereich dieser Normenkategorie bestimmen: „Da die allgemeinen Rechtswahrheiten nur durch eine logische Analyse gegebener Begriffe aufgefunden werden, so folgt ferner, daß das Recht nur insofern aus allgemeingültigen Grundsätzen bestehen kann, als die Rechtsverhältnisse lediglich durch die gegebenen Thatsachen, und nicht nach Ideen der Zweckmäßigkeit und der sittlichen Würde bestimmt werden. Die allgemeine Rechtstheorie kann also nicht alle rechtliche Verhältnisse umfassen, sondern nur diejenigen, welche nicht nothwendigerweise nach Zweckbestimmungen, nach Gefühlen und ethischen Principien geordnet werden, bei welchen es also bloß darauf ankommt, das was ist, zu erkennen... Das ist aber eben

---

[1] E § 55 (96 f.).

4. Kap.: „Natürliches Recht" und „allgemeine Rechtslehre"

der Character der allgemeinen Rechtswahrheiten, daß bei ihnen keine besondere Zwecke gedenkbar sind[2]." Es ist dies ein Teil des Rechts, „in welchem das reine Factum die Regel an die Hand giebt, und wo also eine Art von juristischer Mathematik... in der That möglich ist"[3]. „Eine allgemeine Rechtslehre oder natürliche Rechtswissenschaft... muß sich unmittelbar den Rechtsverhältnissen des Lebens zuwenden[4]."

Es sind wohl diese Passagen — von Vicén unter dem Aspekt der Entstehung des Formalismus gewürdigt[5] —, die Wieacker bewogen, von „Falcks prinzipiellem Beitrag zum Aufbau einer positiven Rechtswissenschaft" zu sprechen[6].

Vicén versteht Falck dahin, daß er fordere, ein System von Voraussetzungen aufzudecken, die sich notwendig in jedem positiven Recht auffinden ließen, unabhängig von seiner historisch bedingten Einzigartigkeit und jeweiligen Erscheinungsform. Dieses System könne entwickelt werden, indem man die menschlichen Beziehungen analysiere, die jeder rechtlichen Regelung zugrunde liegen. Diese Beziehungen, so fährt die Interpretation fort, die das positive Recht nach veränderlichen Kriterien historisch ordnet, würden von der Rechtswissenschaft in ihrer logischen Struktur untersucht. So werde aus ihnen „analytisch" eine Verbindung dauernder Wahrheiten als eigentlicher Gegenstand der Rechtswissenschaft ermittelt[7].

In der Tat geben einige Wendungen Falcks Anlaß zu einer Interpretation in diesem Sinne, so zum Beispiel jene: „Allgemeine Rechtswahrheiten entwickeln daher bloß ein factisches Verhältnis..."[8], es komme nur darauf an, „das was ist, zu erkennen"[9]. Es wird aber den Intentionen Falcks nicht ganz gerecht, daraus zu schließen, es gehe ihm darum, ein stets identisches Substrat positivrechtlicher Regelungen freizulegen, deren historische Verschiedenheit aus je wechselnden Bewertungskriterien resultiere. Dabei wird außer acht gelassen, daß das Gebiet der „allgemeinen Rechtswahrheiten" dort gerade endet, wo das Recht nicht an „notwendigen", sondern historisch wechselnden und inhaltlich nicht im voraus fixierbaren Maßstäben orientiert ist, wo also

---

[2] E § 56 (98 f.).
[3] Betrachtungen, 12 f.
[4] Betrachtungen, 15.
[5] Vicén, Formalismus, 58 f.
[6] Wieacker, Privatrechtsgeschichte, 408 FBn. 99, unter Hinweis auf Vicén.
[7] „...un sistema de proposiciones que se den necesariamente en todo Derecho positivo, independientemente de su singularidad histórica. Este sistema puede descubrirse analizando las relaciones humanas que se encuentran en la base de toda regulación jurídica. Estas relaciones, quel el Derecho positivo regula según criterios variables históricamente, son estudiadas por la ciencia del Derecho en su estructura lógica, extrayendo de ellas ‚analíticamente' un conjunto de verdades permanentes que constituyen el objeto en sentido propio de la ciencia jurídica."
[8] Betrachtungen, 12.
[9] E § 56 (98).

die Ordnungswahl „nach Zweckbestimmungen, nach Gefühlen und ethischen Principien"[10] getroffen wird. Vicéns Deutung, prononciert an der Unveränderlichkeit des Faktums ausgerichtet, weist zu sehr in die Richtung eines Fundus soziologischer Kategorien als „Stoff" rechtlicher Formulierung. Das verschiebt die Akzente. Es geht nicht in erster Linie um das Sachbedingte einer als je verschieden möglichen Wertentscheidung[11], auch nicht per se um die „Realien der Gesetzgebung"[12] oder um die Fixierung „sachlogischer Strukturen" als immanente Vorgegebenheiten kontingenter materieller Wertinhalte des Rechts[13]. Die Lehre von den „allgemeinen Rechtswahrheiten" ist jedenfalls nicht nur eine Lehre von den Sozialstrukturen als Gegenstand rechtlicher Normierung, sondern vor allem und sogleich eine Lehre von den Rechtsnormen. Dem konstanten „Factum" korrespondiert die als konstant gedachte Rechts-„Wahrheit". Falck artikuliert ein unmittelbar rechtsdogmatisches Anliegen.

Dabei ist es die Art der methodischen Verknüpfung und Beziehung von „Factum" und Rechtsnorm, die jene oben angeschnittenen Fragen aufwirft. „Eine allgemeine Rechtslehre oder natürliche Rechtswissenschaft... muß sich unmittelbar den Rechtsverhältnissen des Lebens zuwenden[14]." Vom Begriff des Rechtsverhältnisses darf man näheren Aufschluß erwarten.

b) Rechtsverhältnis und Rechtsnorm

„Die Rechtsverhältnisse... sind die im wirklichen Leben vorhandenen, unter den Schutz der Staatsgewalt gestellten factischen Zustände, und die daraus hervorgehenden Beziehungen der Privatpersonen zu einander[15]."

Damit distanziert sich Falck zunächst wiederum von naturrechtlichen Argumentationsketten. Wenn Recht erst in der staatlich organisierten Gesellschaft möglich ist, wird der Regress auf einen spekulativ postulierten, vermeintlich historisch erwiesenen oder als vernunftnotwendig angenommenen „ursprünglichen" Zustand sinnlos. Nicht eine „Theorie der geselligen Verhältnisse im Naturstande"[16] ist der Rechtswissenschaft aufgegeben, sondern die Erforschung der im „wirklichen Leben" vorhandenen „factischen Zustände". Nicht alle „Lebensverhältnisse"[17] aber

---

[10] E aaO.
[11] *Fechner*, Die Bedeutung der Gesellschaftswissenschaft für die Grundfrage des Rechts, 271.
[12] *Huber*, Recht und Rechtsverwirklichung, 281 ff.
[13] *Welzel*, Naturrecht und Rechtspositivismus, 330, 334.
[14] Betrachtungen, 15.
[15] Handbuch IV, 4.
[16] Betrachtungen, 7.
[17] Handbuch IV, 7.

sind auch Rechtsverhältnisse. Es gibt einen rechtsfreien Raum, die „natürliche Freiheit"[18]. Rechtsverhältnisse entstehen erst durch staatlich garantierte rechtliche Ordnung der Lebensverhältnisse, die so „der Willkühr des Individuums entzogen" werden. Sie hören damit auf, „bloß factische Zustände" zu sein[19]. „Daß aber gewisse factische Zustände unter Staatsschutz gestellt sind, ist selbst die Folge einer Rechtsvorschrift[20]." Daher ergeben sich Rechte und Verbindlichkeiten auch nicht etwa aus den „bloß factischen" Sozialabläufen, sondern aus dem Rechtssatz als „Grund des Rechts[21] und der Verbindlichkeit". So erscheint das Rechtsverhältnis in diesem Zusammenhang als letztlich entbehrliche gedankliche Zwischenstufe. „Man wird ferner auch mit Grund sagen können, daß ein Rechtsverhältnis überhaupt nichts anders sey, als ein abstrahirter Begriff, ein Complexus von Rechten und Verbindlichkeiten, so daß es dabei vor allen Dingen auf die einzelnen Befugnisse und Obliegenheiten ankommt, welche man unter dem allgemeinen Begriff eines Rechtsverhältnisses befaßt[22]."

Jede Rechtsnorm konstituiert ein Rechtsverhältnis. Dieser Satz darf aber nicht negiert werden. Die Bereiche von rechtssatzmäßiger Regelung und Rechtsverhältnis decken sich nicht; sie sind nur aufeinander bezogen. Ein Rechtsverhältnis kann auch außerhalb der Reichweite einer Rechtsnorm existieren. Daraus resultiert, ungeachtet jener Prävalenz der Norm, seine selbständige Bedeutung[23]. Die Rechtsverhältnisse verdienen die „vorzügliche Aufmerksamkeit des Rechtsgelehrten". „Erstlich weil wir in sehr vielen Fällen die Rechte und Verbindlichkeiten nicht unmittelbar durch bestimmte einzelne Gesetzvorschriften begründen können, sondern sie aus der Natur der Rechtsverhältnisse ableiten müssen[24]." Damit ist das Lückenproblem angesprochen, bei dem hier für die Entwicklung der „allgemeinen Rechtswahrheiten" angeknüpft wurde. Außerdem gäbe es Rechtsverhältnisse, die nicht insgesamt, sondern nur punktuell rechtlich relevant seien, „z. B. die Verwandtschaft und der Besitz"[25]. Dennoch sei ihre umfassende Kenntnis für den Rechtsgelehrten (aus hermeneutischen Gründen) unerläßlich.

Diese Inkongruenz und, in gewisser Beziehung, Eigenbedeutung von Rechtssatz und Rechtsverhältnis eröffnet Falck zwei methodisch verschiedene Perspektiven. Betrachte man die Rechtsverhältnisse „lediglich

---

[18] Handbuch, aaO.
[19] Handbuch IV, 4.
[20] Handbuch, aaO.
[21] Scil. subjektiven.
[22] Handbuch IV, 4 f.
[23] Zu dieser Bedeutung im Rahmen der Frage nach dem „Gegenstand der Rechtswissenschaft" heute vgl. *Larenz*, Über die Unentbehrlichkeit der Jurisprudenz als Wissenschaft, 22 f.
[24] Handbuch IV, 5.
[25] Handbuch, aaO.

in den gesetzlichen Darstellungen", so könne die Methode nur eine „historische", und das heißt: „streng exegetische" sein. Die „natürliche Rechtswissenschaft" hingegen richte den Blick „unmittelbar" auf die „Rechtsverhältnisse des Lebens"[26], ungebrochen durch das Medium des Gesetzes. Sie bedarf daher einer anderen Methode.

c) Empirie und Begriffsanalyse

Es liegt nahe zu vermuten, daß Falck empirisch vorgeht. Oft genug spricht er vom „reinen Factum" (das „die Regel an die Hand giebt"[27]), von den „factischen Bestandtheilen" der Rechtsverhältnisse, die es zu „erkennen" gelte, von den „zu beurtheilenden Thatsachen"[28], davon, daß „bloß ein factisches Verhältniß"[29] zu entwickeln sei. Andererseits aber fordert er zur Erkenntnis der allgemeinen Rechtswahrheiten „eine analytische Entwickelung gegebener Begriffe" und eine „logische Verbindung derselben"[30], „freie Geistesthätigkeit" und „innere Gedankenentwickelung"[31], „eine Art von juristischer Mathematik"[32] als Methode einer „rationellen" Rechtstheorie[33].

Vom Standpunkt moderner Methodenlehre ist der Bruch nicht zu übersehen. Schon Bergbohm, dem bei seiner Jagd nach naturrechtlichen Rudimenten Falck nicht entgangen war, meinte deshalb, hier zwei Spielarten des Naturrechts entdeckt zu haben: die „allgemeinen Rechtswahrheiten", zu verstehen als Rechtsfindung aus der Natur der Sache, und daneben ein aus Begriffen logisch abzuleitendes Recht[34]. Dem steht entgegen, daß Falck nur eine Normenkategorie zu konzipieren beabsichtigt und seinen Begründungszusammenhang ersichtlich für homogen und stringent hält. Auf der Suche nach der Möglichkeit einer Erklärung, die dem nachvollziehend gerecht wird, bieten sich Modelle aktueller Dogmatik an, verstanden als Arbeitshypothesen mit nur heuristischem Wert[35]. So betrachtet, scheinen sich die zitierten Passagen mit dem Verhältnis von Faktum und Wert, Sein und Sollen, Stoff und Form zu befassen. Der Komplex der Natur der Sache rückt ins Blickfeld[36]. Besonders anregend ist die Art, wie Falck an einer Stelle jene beiden Komponenten in eine Relation setzt: es sei nämlich zu fragen, „welche

---

[26] Betrachtungen, 15.
[27] Betrachtungen, 12 f.
[28] E § 55 (96).
[29] Betrachtungen, 12.
[30] E § 55 (97).
[31] Betrachtungen, 11.
[32] Betrachtungen, 13.
[33] E § 55 (97).
[34] *Bergbohm*, Jurisprudenz und Rechtsphilosophie, 291.
[35] *Wieacker*, Notizen zur rechtsgeschichtlichen Hermeneutik, 14.
[36] Die Fragen ließen sich etwa in der Art *Lüderssens*, Einleitung, 29 ff., weiter aufschlüsseln.

Bedeutung die zu beurtheilenden Thatsachen in Beziehung auf das allgemeine Rechtsgesetz haben"[37]. Hier scheint er ausdrücken zu wollen, was die Rechtsphilosophie seit und mit Kant im Hinblick darauf ausführt, daß der Stoff des Rechts keine Sollensstruktur, keine normative Entelechie besitze: daß nämlich die sozialen Vorgegebenheiten unter Rechtswertaspekten zu betrachten seien, weil die „Natur der Sache" normative Bedeutung nur in der Beziehung auf einen bestimmten rechtlichen Ordnungsplan gewinne[38]. Dieser Regelungsplan könnte bei Falck im logischen Zusammenhang der Rechtsbegriffe vorausgesetzt und enthalten sein.

Ein derart hypothetisches Interpretationsverfahren erscheint zu wenig gesichert. Es soll „Identität einer Problemerfahrung" voraussetzen[39]. Die aber läßt sich auch mit nur „vernünftiger Wahrscheinlichkeit"[40] eigentlich erst behaupten, wenn die zu erläuternde Lehre möglichst ohne Arbeit mit anachronistischen Begriffen aus ihrem eigenen Kontext genügend analysiert ist. Führt dies wenigstens mit solch „vernünftiger Wahrscheinlichkeit" zu einem befriedigenden Ergebnis, so wird man nun zwar in der Lage sein, vergleichend und rückschließend auch jene Identität der Problemerfahrung zu bejahen (oder zu verneinen). Damit wäre die Möglichkeit eröffnet, moderne Begriffe und Denkschemata zur Erklärung heranzuziehen — allein es bestünde zugleich kein zwingender Grund mehr, sie zu ergreifen, ist die Kontextanalyse doch gelungen. Endet sie aber mit einem „non liquet", so erscheint umgekehrt fraglich, ob jemals noch Identität der Problemerfahrung postuliert werden dürfte. Wollte man dennoch als Hypothese mit Modellen aktueller Rechtsauffassung arbeiten, so müßte man zugeben, sie nicht — nicht einmal mit „praktischer Evidenz"[41] — verifizieren zu können[42]. Die hermeneutischen Schwierigkeiten, die sich aus der möglichen Differenz von Meta- und Objektsprache stets ergeben, würden sich bei derartig

---

[37] E § 55 (96).
[38] *Henkel*, Einführung in die Rechtsphilosophie, 296 ff. Dazu *Diesselhorst*, Natur der Sache, 18 f.
[39] *Wieacker*, aaO, 18.
[40] *Wieacker*, aaO, 19.
[41] *Wieacker*, aaO, 17.
[42] Das soll keine Kritik an *Wieacker* sein. Seine hermeneutischen Notizen beziehen sich anscheinend vorwiegend auf rechtshistorische Arbeit zum geltenden Recht. Im Prozeßrecht (vgl. *Wieacker*, aaO, 14) oder Kaufrecht beispielsweise erscheint die Annahme konstanter Rechtsprobleme und vergleichbaren Problembewußtseins durchführbar. Bei rechtstheoretischen Fragestellungen und Lösungen wächst der Unsicherheitsfaktor erheblich. Das zeigt das vergebliche Bemühen *Lüderssens* (Einleitung, 27 ff.), *Wieackers* Programm für rechtstheoretisches Verstehen fruchtbar zu machen, ganz deutlich. Der Versuch scheitert (sachlich sehr früh, im Text erst nach längeren Ausführungen, vgl. Einleitung, 35) schon an der unbehebbar zweifelhaften Voraussetzung identischer Ontologie (Einleitung, 31), auf einer der ersten Stufen der „Problemerfahrung" also.

hypothetischer Interpretation überdies verdoppeln. Denn für das aktuelle Arbeitsmodell gilt, ebenso wie für den zu interpretierenden Text, das gleiche sprachliche Problem.

Die innere Komplexität der „Natur der Sache" kommt hinzu[43]. Der bestimmte „Wertungsgesichtspunkt", das „Vorverständnis der Situation"[44], von dem Falck geleitet ist, läßt sich kaum „im rechtshistorischen Experiment"[45] ermitteln, sondern eher und zielgenauer durch (freilich nicht isolierende[46]) kontextgebundene Interpretation[47]. Schließlich ist es auch nicht Ziel dieser Arbeit, eine dogmengeschichtliche Einzelstudie zur Natur der Sache als Methode der Rechtsfindung zu liefern. Dazu besteht um so weniger Anlaß, als Falck selbst diesen Terminus hier nicht verwendet[48].

Die Bedeutungsanalyse des „Factums" greift das bereits angesprochene Verhältnis von Rechtssatz und Rechtsverhältnis noch einmal auf. Es hatte sich gezeigt, daß Falck ein in sich geschlossenes Rechtsverhältnis auch da annimmt, wo ein Lebensverhältnis nur punktuell Gegenstand rechtlicher Regelung ist. Das setzt voraus, daß die Rechtsverhältnisse (wie z. B. „die" Verwandtschaft, „der" Besitz) einen Sinn in sich tragen, der ihnen wenigstens nicht ausschließlich erst dadurch zukommt, daß sie in bestimmter Beziehung Anknüpfungspunkt für Rechtsnormen sind. Nur dann sind sie unabhängig von der Einzelregelung aus sich heraus abgrenzbar.

Prämisse dieser Interpretation wiederum ist, daß Falck es ablehnt, den Sinn geltender Gesetze im Wege der Auslegung so weit auszudehnen, daß er das jeweilige Rechtsverhältnis voll deckt. In der Tat wendet er sich dagegen, „den Umfang der geschriebenen Rechte trüglicher Weise zu vergrößern und das Bedürfniß der allgemeinen Theorie zu verdecken"[49]. „Mit der Entwickelung des Sinnes einer Rede ist das Geschäft des Auslegers zu Ende. Alle anderen Operationen, durch welche der Gedanke selbst weiter entwickelt, auf seine Gründe zurückgeführt

---

[43] Vgl. allgemein die dogmengeschichtliche Arbeit von *Dreier*, Zum Begriff der „Natur der Sache", und *Gutzwiller*, Zur Lehre von der „Natur der Sache".
[44] *Stratenwerth*, Das rechtstheoretische Problem der „Natur der Sache", 24.
[45] *Wieacker*, aaO, 14, 16.
[46] Vgl. die Kritik *Böckenfördes* an *Wilhelm*, ARSP 48 (1962) 251.
[47] Zur Analyse der Wortverwendung vgl. *Gagnér*, Ideengeschichte, 55.
[48] Nur an zwei Stellen spricht er von „Natur der Sache". In E § 27 (47) ist der Gebrauch dieses Ausdrucks nur insofern typisch, als er Evidenz suggerieren und so eine Begründung ersparen soll. E § 34 (60) ist aus demselben Grunde unergiebig. Zu einer Arbeit nach der Art von *Marx* (Die juristische Methode der Rechtsfindung aus der Natur der Sache bei Johann Stephan Pütter und Justus Friedrich Runde) fehlt das Material. Das schließt die gelegentliche Anmerkung von sachlichen Bezügen zu bestimmten Konzeptionen der „Natur der Sache" nicht aus.
[49] Betrachtungen, 19, in einem Abschnitt über die „Auslegung der Gesetze", die, wie *Wohlhaupter* (Nikolaus Falck und die historische Rechtsschule, HistJb 59 [1939] 396) zu Recht bemerkt, nicht grundsätzlich wichtig ist.

oder in allen seinen Folgesätzen nachgewiesen wird, gehören nicht mehr zur Interpretation...[50]."

Ein „Gedanke" aber ist nicht nur dem positiven Gesetz, sondern auch den Rechtsverhältnissen immanent. Ihre „factischen Bestandtheile" werden als sinnhaft entworfen, bedeutet ihre Erkenntnis doch Erkenntnis „ihrem innern Gehalte" nach[51]. Dies akzentuiert ferner den Satz, daß allgemeine Rechtswahrheiten „ein factisches Verhältniß und seine Modificationen" entwickeln[52]. Das Besondere wird als Besonderes erkannt, indem es mit Hilfe eines Allgemeinen beurtheilt wird. All dies zeigt, daß die „Thatsachen" bei Falck als „innern Gehalt" eine „Bedeutung" haben, daß er sie sicher nicht als kategorial ungeformtes Datum, sondern als begrifflich geformt begreift[53].

Sein Konzept des Rechtsverhältnisses als nicht mehr „bloß factisches" Lebensverhältnis läßt ferner erkennen, daß er zumindest soziale, nicht etwa naturalistische Begriffe meint[54] — so kann er von „der Verwandtschaft" und „dem Besitz" sprechen. Das macht es ihm (und überhaupt erst) möglich, eine „Beziehung" der „zu beurtheilenden Thatsachen" auf „das allgemeine Rechtsgesetz" herzustellen[55].

Die von Falck propagierte Hinwendung zu dem „factischen Daseyn von Rechtsverhältnissen"[56] ist also jedenfalls nicht Anwendung einer empirischen Methode in der Bedeutung, wie sie seit Locke aufgekommen ist. Die in diesem Sinne empiristische Unterscheidung zwischen Erfahrungsbasis und Begriffsbildung[57] vollzieht Falck nicht; er geht von einer begrifflich strukturierten „Wirklichkeit" aus, nicht von reiner Datenerfahrung.

Die Frage ist nun, wie jene „Beziehung" herzustellen und welcher Art sie sei. Ist eine Wertung erforderlich oder eine logische Operation ausreichend? Das hängt offenbar davon ab, ob Falck die „Thatsachen" als erst soziale Vorformen oder — einen Schritt weiter[58] — sogleich als von rechtlicher Qualität entwirft. Nimmt man letzteres an, so erklärt sich die Anweisung „zu zeigen, ... welche Willenserklärungen in denselben (scil. den ‚Thatsachen') enthalten sind"[59]. Ein Beispiel, das für

---

[50] Betrachtungen, 20 f. Auch *Savigny* unterscheidet zwischen „Auslegung einzelner Gesetze" und „Auslegung der Rechtsquellen im ganzen", Gesetzesauslegung und Rechtsfortbildung also (System I, 216 ff., 224, 228, 233 ff.), vgl. *Kriele*, Theorie der Rechtsgewinnung, 67 ff. (68, 69).
[51] E § 55 (97).
[52] Betrachtungen, 12.
[53] *Radbruch*, Rechtsidee und Rechtsstoff, Archiv f. Rechts- und Wirtschaftsphilosophie 17 (1923/24) 348.
[54] *Engisch*, Vom Weltbild des Juristen, 9.
[55] E § 55 (96).
[56] Betrachtungen, 12.
[57] *Kambartel*, Erfahrung und Struktur, 30.
[58] Falls man darin nicht vom heutigen Standpunkt einen Sprung oder Bruch sehen möchte.
[59] E § 55 (96).

Falck freilich einen Negativbefund ergibt, führt weiter: „Ob die Bürgschaft z. B. eine solidarische oder eine subsidiarische seyn solle, liegt nicht in ihrem Begriffe...⁶⁰." Die „Thatsache" einer Bürgschaft impliziert die Willenserklärung, für die Schuld eines anderen einstehen zu wollen. Aus diesem ihrem „Begriffe" läßt sich allerdings der gesuchte Unterschied nicht ableiten[61]. Der „innere Gehalt" der Tatsache, daß eine Lebensbeziehung von der Art der Bürgschaft vorliegt, ist also ein rechtlicher.

Es ist kaum auszumachen, ob Falck den „factischen Verhältnissen" eine die rechtliche Wertung nur indizierende Wirkung zuschreibt, oder ob er von einer (zumindest Teil-)Identität von Faktum und Rechtswert ausgeht[62]. Jedenfalls können Rechte und Verbindlichkeiten, die „nicht unmittelbar durch bestimmte einzelne Gesetzesvorschriften" zu begründen sind, aus der „Natur der Rechtsverhältnisse"[63] abgeleitet werden. Denn diese Natur ist eine Rechtsnatur; Sozialbeziehungen, die unter „staatlicher Garantie" stehen, und sei es nur teilweise oder im allgemeinen, hören auf, „bloß factisch" zu sein. Ihre latente rechtliche Relevanz ist aktualisierbar. „In allen den Fällen nun, wo man solche Rechtsverhältnisse zu behandeln hat, deren Natur und rechtliche Bedeutung von einer früheren Theorie nicht entwickelt ist, oder wo neue Formen der Verträge und Rechtsverhältnisse entstanden sind, was kann da anders zur Norm dienen, als die nachgewiesenen natürlichen Folgen aus den Rechtsverhältnissen selber[64]?"

Dem Ausdruck „Natur" kommt hier die weitere Bedeutung zu, das rechtlich konstant Wesentliche zu umschreiben. Das wird noch einmal deutlich, wenn er behauptet, daß die Rechtsverhältnisse „durch die factischen Verkehrsverhältnisse in ihrem Wesen keine Veränderung" erleiden. Die „öconomische Verwickelung der Verhältnisse" ist „für die juristische Beurtheilung gleichgültig"[65]. Die gleiche Tendenz zeichnet sich bei der genauen „Entwickelung der vom Rechtsprincip beherrschten Verhältnisse selber" ab. Die Aufgabe sei hier „im Grunde keine andere, als eine vollständige Auffassung und eine richtige Darlegung des Inhalts der vorausgesetzten (sic!) Willenserklärungen"[66]. Das weist zunächst zurück auf die bereits erwähnte Vorstellung, daß Willenserklä-

---

[60] Betrachtungen, 13.
[61] Hier endet daher das Gebiet des „Rationellen" im Recht; die Frage ist „historisch" zu beantworten.
[62] Ein ähnlicher Zweifel bleibt für *Feuerbach*, der sich freilich noch verhältnismäßig klarer als *Falck* äußert, vgl. *Lüderssen*, Einleitung, 32.
[63] Handbuch IV, 5. Zu dieser Auffassung von der (rechtlichen) „Sache", um deren Natur es geht, vgl. *Radbruch*, Die Natur der Sache als juristische Denkform, 12.
[64] Allg. juristische Betr., 236.
[65] Allg. juristische Betr., 230.
[66] Allg. juristische Betr., 247.

rungen den „innern Gehalt" der „Thatsachen" ausmachen[67]. Die Darstellung orientiert sich ferner an „vorausgesetzten" Willenserklärungen, nicht etwa an den „Modificationen..., unter welchen sie in concreten Fällen vorkommen"[68]. So wird abstrahierend nur das juristisch Wesentliche erfaßt[69].

Nach alledem gilt: „Jedes Rechtsverhältniß ist eine Quelle von natürlichen Folgerungen, und deren Inbegriff bildet das in solchen Fällen anwendbare Recht. Eben deswegen bringen neuentstehende Rechtsverhältnisse, so zu sagen, alle Grundsätze mit sich, die man für ihre Beurtheilung nötig hat. Es bedarf in solchen Fällen weder neuer Gesetze noch neuer Gewohnheitsrechte[70]."

Falck denkt, so darf man zusammenfassend zu deuten versuchen, den konkreten Sachverhalt sogleich in (allgemeinen) Rechtsbegriffen, die er als rechtliche Naturtatsachen begreift. Diese „juristischen Thatsachen"[71] sind mit der Folge, daß Rechtssätze entstehen, analysierbar. So kann er — von seinem Standpunkt aus ohne methodischen Bruch — behaupten, daß die „allgemeinen Rechtswahrheiten" nur „durch eine analytische Entwickelung gegebener Begriffe und durch eine logische Verbindung derselben" zustande kommen[72]. Aus dem Sinn, der „Natur" der Rechtsverhältnisse ergeben sich nicht etwa nur der Rahmen und die Grundlinien einer rechtlichen Ordnung. Jene Natur ist nicht lediglich in diesem Sinne „typisch"[73] (noch weniger kommt ihr die Funktion einer die

---

[67] Vgl. oben S. 46.
[68] Allg. juristische Betr., 231.
[69] Abstrahierend wird hier nicht in bewußtem Unterschied zu typisierend gebraucht. Es erschiene zu gewagt, dem Begriff des „Wesentlichen" bei *Falck* eine spezifische Bedeutung beilegen zu wollen, eine Bedeutung, die sich etwa vom „Allgemeinen" differenzieren ließe. Die entsprechende Unterscheidung zwischen Typus und Gattung (vgl. etwa *Radbruch*, Die Natur der Sache als juristische Denkform, 32) darf dem zu interpretierenden Text nicht unterstellt werden (vorsichtig auch *Lüderssen*, Einleitung, 31 f.).
[70] Allg. juristische Betr., 237.
[71] Allg. juristische Betr., 247. Man mag hierin eine Bestätigung der Schau *v. Hippels* sehen: Die „juristische Tatsache" als Charakteristikum der Systematik des 19. Jahrhunderts (Zur Gesetzmäßigkeit juristischer Systembildung, 36 ff. [37, 39]). *v. Hippel* entwickelt allerdings die „quasi-naturwissenschaftlich" bedingten Konsequenzen eines Gesetzespositivismus — die „juristische Tatsache" als Gegenstand hypothetischer Rechtsaussagen (aaO, 38). Diesem „Rechtsmystizismus", als zwangsläufiges Symptom bezeichnet, stellt er einen „Tatsachenmystizismus" als Eigenart der aufklärerisch-naturrechtlichen Epoche gegenüber (aaO, 28 Fßn. 15); dies wiederum als Konsequenz des zeitgenössischen Axioms einer allen gleichen Freiheits-„Sphäre" (aaO, 23 ff. [27]). Diese Bildung von Epochen und ihre Typisierung durch einen hypostasierten Obersatz ist geeignet, den Zugang zum zeitgenössischen Verständnis einer Methodenlehre (wie überhaupt zur Bestimmung des Stellenwerts und der wechselseitigen Verbindung oder Unabhängigkeit zeitgenössischer Denkfiguren) zu erschweren und die Verfolgung feinerer Entwicklungslinien zu verhindern. Die Auffassung *v. Hippels* wird daher nicht als Beleg zitiert.
[72] E § 55 (97).
[73] Vgl. *Larenz*, Wegweiser zu richterlicher Rechtsschöpfung, 291.

Ordnungswahl limitierenden „philosophia negativa"[74] zu). Vielmehr macht sie die rechtliche Ordnung selbst inhaltlich präzise angebbar. Es besteht ein getreues Abbildungsverhältnis. Das erklärt auch, weshalb er seine Erörterung über die Rechtsverhältnisse zwar mit der Kennzeichnung als „die im wirklichen Leben vorhandenen, unter den Schutz der Staatsgewalt gestellten factischen Zustände" einleitet, abschließend dann aber feststellt, es handele sich um nichts anderes als einen „abstrahirten Begriff", einen „Complexus von Rechten und Verbindlichkeiten"[75].

Die Methode der Begriffsentwicklung, die „strenglogische Argumentation"[76], ist — so Falck — nur dort anwendbar, wo es sich um „gegebene Begriffe" handelt[77]. „Die allgemeine Rechtstheorie kann ... nicht alle rechtliche Verhältnisse umfassen, sondern nur diejenigen, welche nicht nothwendigerweise nach Zweckbestimmungen, nach Gefühlen und ethischen Principien geordnet werden[78]." In diesen Bereichen des Rechts, „wo die Rechtsverhältnisse erst durch besondere Anordnungen in Gemäßheit ethischer oder politischer Beziehungen entstehen oder wenigstens erst völlig bestimmt werden, (sind) gemachte Begriffe die herrschenden..."[79]. Er räumt allerdings ein, daß es „keine leichte Aufgabe" sei, die Grenze zwischen „gegebenen" und „gemachten" Begriffen zu bestimmen. „Denn, kann man auch im Allgemeinen sagen, daß die persönlichen Verhältnisse, z. B. in der Familienverbindung nicht schon an und für sich durch die Natur ihre volle Bestimmtheit erhalten, so läßt sich das Gegentheil von den übrigen Verhältnissen doch nicht ganz allgemein behaupten[80]."

Ebensowenig ist es eine leichte Aufgabe, in Falcks Werken Beispiele für analytische Begriffsentwicklung zu finden, dies um so mehr, als sein Handbuch im wesentlichen nur bis zum Personenrecht gediehen ist. Immerhin lassen sich seine methodischen Intentionen auch anhand der Erörterung gemischt-typischer und „gemachter" Begriffe aufweisen. Die Analyse des Begriffs dient hier nicht der Gewinnung von Rechtsfolgen — denn um einen „gegebenen" Rechtsbegriff handelt es sich nicht —, sondern zunächst der Entwicklung eines nach dem Sprachgebrauch mehrdeutigen Wortsinnes auf die rechtlich und rechtswissenschaftlich

---

[74] *A. Kaufmann,* Naturrecht und Geschichtlichkeit, 23 m. w. N.
[75] Handbuch IV, 4.
[76] E § 55 (97).
[77] Betrachtungen, 13; E § 56 (98).
[78] E § 56 (98).
[79] Betrachtungen, 13. Verwandtes klingt an bei *Schambeck,* Der Begriff der „Natur der Sache" (freilich unter der Voraussetzung gesetzgeberischer Freiheit und daher verschiedenmöglicher positivrechtlicher Bedeutung der „Natur der Sache", aaO, 177): „Sofern die tatsächlichen Gegebenheiten weder von politischer noch von wirtschaftlicher Natur sind, wird ihr Wesen immer das gleiche bleiben..." (aaO, 180 f.).
[80] Betrachtungen, 13.

4. Kap.: „Natürliches Recht" und „allgemeine Rechtslehre"

allein relevante Bedeutung hin. „Der Grad nemlich, in dem die wissenschaftliche Kenntniß eines positiven Rechts fortgeschritten ist, zeigt sich in keinem Puncte so deutlich, als in der Erforschung des juristischen Sprachgebrauchs, welche zugleich Bedingung und Resultat eines genauen Rechtsstudiums ist[81]."

Das 4. Kapitel des 4. Bandes des Handbuchs beginnt in § 32 mit der „Bestimmung des Begriffes: Stand"[82]. Anlaß dieser Untersuchung ist die „Vieldeutigkeit" des Wortes. Falck geht von der „ursprünglichen Bedeutung" aus[83], die dann auf „Verhältnisse des Lebens" übertragen wird. Die gedankliche Einführung der „gesellschaftlichen Ordnung" ergibt in einer weiteren „bildlichen Übertragung" die soziale Bedeutung der Zugehörigkeit zu einer „Classe der bürgerlichen Gesellschaft". Damit bezeichnet der Begriff zunächst „etwas bloß Factisches", an das „nicht nothwendig ... rechtliche Folgen" angeknüpft sind. „Rechtliche Verschiedenheiten" haben sich nämlich erst durch „Sitte und Gesetz" ergeben. „Bei einer rechtlichen Darstellung dieser Verhältnisse dürfte es nun das Richtige seyn, alle bloß factisch begründeten Stände auszusondern und nur diejenigen Classen, welche rechtlich von den andern geschieden sind, unter dem Namen der Stände im eigentlichen Sinne des Wortes zu befassen[84]." „Die bei den Lehrern des deutschen Rechts herkömmliche Methode, neben dem Adel auch den Bürger- und Bauernstand in dem Kapitel von dem Standesunterschied aufzuzählen, dürfte so ziemlich alles rechten Grundes ermangeln." Eine derartige nähere Begriffsbestimmung „in Beziehung auf jene bloß factische Abtheilung der Landeseinwohner in gewisse Classen" (wie z. B. auch Wohnort oder Beruf) sei sinnlos[85].

Es geht zunächst also darum, einen Begriff zu zerlegen[86], ihn als spezifisch „juristischen" eindeutig zu fassen und ihn so systematisch verfügbar zu machen (Begriffsanalyse intendiert demnach auch die Lösung des Mitteilungsproblems[87]).

Das wird auch z. B. bei der „Entwickelung des juristischen Begriffs von Ehre"[88] deutlich. „Rein juristisch betrachtet ist aber der materielle Rechtsverlust, als die Hauptsache und die Verachtung des Publikums,

---

[81] Miscellen, 470.
[82] Handbuch IV, 175 ff.
[83] „Der Platz oder Ort..., auf welchem Jemand steht oder sich befindet", aaO, 175.
[84] AaO, 176 f.
[85] AaO, 177 f.
[86] Bereits *Aristoteles* versteht unter Analyse Begriffszerlegung (Nik. Ethik III, 5, 1120 ff.); vgl. die entsprechenden Bestimmungen des analytischen Verfahrens durch *Kant* und *Leibniz* bei *Eisler*, Wörterbuch der philosophischen Begriffe I, 45 ff., 47 unter „Analyse".
[87] *Stegmüller*, Hauptströmungen der Gegenwartsphilosophie, 359.
[88] Handbuch IV, 264, 5. Kap., Überschrift zu § 43.

welche den Ehrlosen trifft, als eine bloß zufällige Folge zu betrachten", wobei Falck nicht leugnet, daß diese „gesellschaftliche oder moralische Bedeutung" gerade die „wahre practische" ausmacht. Dogmatisch aber muß man „die gesellschaftliche Bedeutung der Ehrlosigkeit von ihrer rechtlichen Wirkung" sondern[89] (hier wird bereits die Ablösung des Rechts von den gesellschaftlichen Beziehungen und ihrer sozialen Bewertung, die begriffsjuristische Eigenständigkeit der Rechtssphäre also, sichtbar). Nachdem so „ein fester Sprachgebrauch ist gewonnen worden", meint Falck, „wird hoffentlich die weitere Entwickelung der rechtlichen Natur der Ehre besser von Statten gehen". „Die Ehre nach dem hier zu betrachtenden Begriff kann man im Allgemeinen bezeichnen als einen Inbegriff von affirmativen Rechten und Befugnissen, welche zum vollständigen Staatsbürgerrecht gehören[90]." Näheres allerdings „läßt sich nicht auf eine allgemein gültige Weise angeben, indem die Ehre, ... einer positiven Bestimmung durch Gesetz und Gerichtsgebrauch unterliegt, und überall auf eine verschiedene Weise geschichtlich modificirt worden ist"[91].

Als Materien jener „allgemein gültigen" Aussagen, in denen „das Factum die Regel an die Hand giebt"[92], „bei welchen es bloß darauf ankommt, das was ist, zu erkennen", bezeichnet Falck vor allem „das Sachen- und Obligationenrecht"[93], genauer noch: „Die Lehre vom Eigenthum und von den Verträgen, von Beschädigungen, und selbst von Verbrechen, insofern nicht von den Gradationen der Strafübel die Rede ist, würde vornemlich hieher gehören.[94]"

Es sind dies, so meint Falck offenbar, Sozialbeziehungen, die einen fixierten Sinn in sich tragen, der nicht durch außerhalb ihrer selbst liegende „Zwecke" bestimmt oder modifiziert wird. Ihnen ist eine bestimmte rechtliche Regelung eindeutig zugeordnet. „Factum" und „Regel" sind nach der Art „juristischer Mathematik"[95] miteinander ver-

---

[89] AaO, 266.
[90] AaO, 267.
[91] AaO, 268.
[92] Betrachtungen, 12 f.
[93] E § 56 (98).
[94] Betrachtungen, 13. In einer 20 Jahre später erschienenen Abhandlung (Einige allgemeine juristische Betrachtungen) grenzt *Falck* enger ab. Hier konstituiert die „individuelle Freiheit" die „ursprüngliche Rechtssphäre". Die „Begriffe des Eigenthums und des verbindlichen Vertrages" glaubt er nicht mehr aus diesem „Princip" ableiten zu können, Alles, was nicht in jenem „Princip" mitgedacht ist, „müssen wir als das Resultat einer geschichtlichen Lebensentwickelung betrachten, als eine in gewisser Weise künstliche, auf den Einwirkungen äußerer Bedürfnisse und auf dem Einfluß sittlicher Grundsätze beruhende Erweiterung der ursprünglichen Rechtssphäre". Es handelt sich dann um „positive Einrichtungen" (Allg. juristische Betr., 245).
[95] „Wie Thibaut diesen Teil treffend genannt hat", Betrachtungen, 13. *Thibaut*, Über die Notwendigkeit eines allgemeinen bürgerlichen Rechts für Deutschland, Stern, 62: „Man überdenke nur die einzelnen Theile des bürgerlichen Rechts! Viele derselben sind so zu sagen nur eine Art reiner juristi-

knüpft; das heißt sowohl zweckfrei als auch, daß die „Regel" notwendig so ist und nur so beschaffen sein kann. Diese Verhältnisse haben eine „Natur"[96], die nicht auf „willkührlichen Bestimmungen" beruht[97], eine Natur, die „an und für sich besteht" und auch geschichtlicher Entwicklung standhält[98]. Es ist dies nicht jene Denkform der „Natur der Sache", die historischem Denken korrespondiert und das Spektrum variabler Rechtsbildungen zu erfassen vermag[99].

Das macht die — nach der vorangegangenen schroffen Ablehnung des Vernunftrechts zunächst überraschende — praktische Inkorporation ganzer Naturrechtssysteme verständlich: „Die naturrechtlichen Forschungen haben nicht allein dazu beigetragen, die Erkenntniß der ethischen Grundsätze an und für sich und in ihrer Anwendung auf die Verhältnisse des menschlichen Lebens zu größerer Klarheit und Vollständigkeit zu erheben, sondern auch einer allgemeinen Rechtstheorie in einem nicht geringen Maaße vorgearbeitet. Insofern sie sich nämlich auf die Entwickelung der mannichfaltigen Verhältnisse des Lebens bezogen, und die Natur derselben richtig bestimmt haben, kann der Inhalt des Naturrechts unmittelbar in eine Rechtslehre übergehen[100]." Falck verweist hier auf die Arbeiten der „ältern Schriftsteller" (Grotius und Pufendorf), die das Verdienst konkreter, sozialbezogener Arbeit für sich in Anspruch nehmen könnten[101]. Die „Neuern" hätten sich mehr der „Speculation" zugewandt. „In dieser Beziehung besteht die Verschiedenheit des Naturrechts und der allgemeinen Rechtslehre bloß in der Form, nicht aber in dem Inhalt der Wissenschaft[102]."

Die „Verschiedenheit der Form" ist darin begründet, daß Falck die naturrechtlichen Lehren in die Dogmatik des geltenden Rechts einbezieht. Es muß nur „dargethan werden, daß ein Verhältniß zu denjenigen gehöre, die unter der durch den Staat gegebenen Gewährleistung ste-

---

scher Mathematik, worauf keine Localität irgendeinen entscheidenden Einfluß haben kann, wie die Lehre vom Eigenthum, dem Erbrecht, den Hypotheken, den Verträgen und was zum allgemeinen Theil der Rechtswissenschaft gehört." Vgl. die Übereinstimmung mit der Gebietsabgrenzung *Falcks*.
[96] Betrachtungen, 13.
[97] E § 55 (97).
[98] Betrachtungen, 3.
[99] Vgl. *Radbruchs* Antithese Naturrecht — Natur der Sache, Die Natur der Sache als juristische Denkform, 7.
[100] E § 52 (92). *Schönfeld*, Grundlegung der Rechtswissenschaft, 453 f., sieht hierin die protagonistische Erneuerung einer Rechtsontologie aristotelisch-wolffscher Art.
[101] Jenen „ganz hervorragenden kritischen Einblick in gesellschaftliche Zusammenhänge" betont *v. Hippel*, Gustav Hugos juristischer Arbeitsplan, 57. *E. Kaufmann*, Kritik der neukantischen Rechtsphilosophie, 88 f., spricht vom rationalistischen Naturrecht als „Sozialtheorie"; vgl. auch die Darstellung bei *Marx*, Die juristische Methode der Rechtsfindung aus der Natur der Sache bei Johann Stephan Pütter und Justus Friedrich Runde, 104 ff., und *Wieacker*, Privatrechtsgeschichte, 249 f.
[102] E § 52 (92).

hen, oder daß ein rechtlicher Schutz für dasselbe gegeben ist"[103]. Ist das der Fall, so fällt es Falck vermöge seiner Methode der analytischen Begriffsentwicklung nicht schwer, ihre Ergebnisse als staatlich sanktioniert zu begreifen: „Die allgemeinen Rechtswahrheiten beruhen auf einer ... l o g i s c h e n Nothwendigkeit, d. h., auf ihrem absoluten Zusammenhang mit andern anerkannten Sätzen und Lehren[104]." Die Geltungsfrage wird neben der Inhaltsfrage zusätzlich beantwortet. Die Geltung als Recht wird nicht aus der materialen Gültigkeit des Inhalts abgeleitet, oder, nach der Art des Naturrechts, mit ihr identifiziert[105]. Erst „wo das Gesetz der Consequenz aufhört, da hat auch das Gebiet des positiven Rechts seine Grenze"[106]. Daneben konstruiert Falck noch eine stillschweigende Blankosanktion: „Jedes Recht enthält ..., eben weil es unvollständig ist, die stillschweigende Voraussetzung, daß für alle unbestimmte Fälle allgemein erkennbare und allgemein gültige Rechtsgrundsätze da sind, die als keiner Bekanntmachung bedürftig angesehen, und deswegen in den Gesetzen mit Stillschweigen übergangen werden[107]."

Das Postulat inhaltlicher Kongruenz dieser „Rechtsgrundsätze" mit dem Naturrecht impliziert die Tendenz zum Verzicht auf eigenständige, empirisch-kritische Begriffsbildung. Das erkennbare Bemühen Falcks, sich einerseits „den Lebensverhältnissen unmittelbar" zuzuwenden und andererseits auf rechtsbegrifflicher Ebene streng-logische Ableitungszusammenhänge zu wahren, also Empirie und Rationalität gleichberechtigt nebeneinander treten zu lassen, endet schließlich doch mit dem Übergewicht des zweiten, abstrakten Aspekts. Zwar ist der Inhalt des Rechts durch „Erfahrung" bedingt[108], doch der empirische Prozeß wird als bereits abgeschlossen bezeichnet; das Ergebnis liegt in Gestalt naturrechtlicher Begriffsbildungen vor. So besteht im Grunde kein Anlaß zu eigenem Neuansatz, denn im Bereich der allgemeinen Rechtswahrheiten ändert sich nichts: unveränderlichen Sozialbeziehungen ist eine statische, „notwendige" rechtliche Bedeutung zugeordnet[109]. Eine Rechtswissenschaft, die gleichförmige Sozialkonstellationen voraussetzt, verhält

---

[103] E § 55 (96); vgl. auch Handbuch IV, 5.
[104] E § 55 (97).
[105] Vgl. *Binder*, Archiv für Rechts- und Wirtschaftsphilosophie 9 (1915/16) 19. Indessen ist es bei *Falck* beide Male die „Logik", die sowohl die (inhaltliche) „Wahrheit" einer Regel als auch ihre „Nothwendigkeit", nämlich ihren „Zusammenhang" mit anderen „anerkannten" Normen begründet (E § 54 [97]). Das verwischt die Grenzen. So spricht *Falck* selbst gelegentlich von den Rechtswahrheiten als „Normen..., die es nicht durch eine äußere Sanction, sondern durch ihre innere Wahrheit sind" (Betrachtungen, 66).
[106] Betrachtungen, 25.
[107] E § 54 (96).
[108] E § 20 (36).
[109] Zur stabilen Interpretation der Lebensverhältnisse vgl. auch *Geldsetzer*, Thibaut, XXXV f. (ein Unterschied zwischen Rechtsanwendung — so der Kontext bei *Geldsetzer*, aaO — und Rechtsfindung besteht insoweit nicht).

sich gegenüber der sozialen Welt rezeptiv, nicht aber gestaltend, und versetzt sich in die Lage, an formellen Aspekten anzuknüpfen, um zu einer Rechts-Entscheidung zu gelangen. Zweckorientiertes, „teleologisches"[110] Denken ist daher nicht am Platze, wiewohl sich Falck natürlich — auch das zeigt die Rezeption des „Naturrechts" — unbewußt an leitenden Zweckvorstellungen orientiert und so das „Vernünftige" bestimmt. Die Entwicklung des „gegebenen" Begriffs aus sich heraus ist die adäquate Methode. Im kontradiktorischen Gebrauch von „analytisch" und „teleologisch" gewinnt „analytisch" nun die weitere Bedeutung zweck- und wertungsfreier Betrachtung.

„Diese Rechtstheorie kann endlich mit Rücksicht auf ihren Unterschied sowohl von geschichtlichen Forschungen als von philosophischen Lehren eine r a t i o n e l l e genannt werden[111]." Spekulativ ist die Methode nicht, denn sie knüpft an einem erfahrbaren Phänomen an: am „factischen Daseyn" begrifflich strukturierter Rechtsverhältnisse. Sie beginnt auch nicht mit der Aufstellung bestimmter Prinzipien, um dann deduktiv zum Besonderen, „Factischen" vorzustoßen, sondern schreitet umgekehrt fort — von einem „Gegebenen" zum Prinzip, zum „allgemeinen Grundsatz". Der Einfluß des relativ sachnahen Vertragsgedankens auf die Ermittlung des Sinnes der Rechtsverhältnisse — jene „vorausgesetzten Willenserklärungen" sind gemeint — pointiert die inhaltliche Distanz zur vergleichsweise weniger konkreten axiomatisch-deduktiven Methode. Das erhellt zugleich die innere Beziehung zum Vertragsprinzip als Leitmotiv der Arbeiten Pufendorfs[112], die in Falcks rezipierender Verweisung ihren Ausdruck findet.

„Fängt man einmal an, nach den Gründen einer Sache, einer Regel oder einer Erscheinung nachzuforschen, ... so wird man ... von den untergeordneten zu den höheren Begriffen und selbst zu den höchsten fortzuschreiten genöthiget[113]." Dies ist der regressive Weg der Analyse[114].

Genauer läßt sich die Bedeutung des analytischen Verfahrens bei Falck nicht angeben. Insbesondere ist nicht sicher zu entscheiden, ob er die Ergebnisse der Analyse eines Begriffs nur als Prädikat des durch den ganzen Begriff bezogenen Subjekts verwendet, oder ob er, einer scholastischen Richtung folgend[115], das Prädikat als im Subjekt „virtuell" enthalten begreift, so daß aus diesem auch gefolgert werden

---

[110] Historisch-juristische Analecten, 181.
[111] E § 55 (97). Zur konstruktiven Möglichkeit einer Theorie von der Natur der Sache auf der Grundlage einer „streng rationalen Methode" vgl. *Radbruch*, Die Natur der Sache als juristische Denkform, 14.
[112] *Wieacker*, Privatrechtsgeschichte, 309.
[113] Allg. juristische Betr., 238.
[114] *Cassirer*, Die Philosophie der Aufklärung, 6 ff.
[115] *J. de Vries*, in Lexikon für Theologie und Kirche I, Sp. 476 f. m. w. N., unter „Analyse".

kann, was nicht nur formaliter, sondern „notwendig", als Wesenseigentümlichkeit, in ihm enthalten ist. Viele Passagen deuten auf dieses zweite, sozusagen produktive, Verständnis der Analyse hin, so wenn er von „nothwendigen" Folgerungen und Ergebnissen spricht, die nach dem „Gesetz der Consequenz"[116] auch nur „mittelbarerweise"[117] zu gewinnen sind. Jedenfalls aber will Falck nur „streng logische Argumentation" als Kriterium eines „absoluten Zusammenhang(s)"[118] anerkennen.

Das macht darauf aufmerksam, um noch einmal zum Ausgangspunkt zurückzukehren, daß er bei der Entwicklung seiner Methode Rechtslücken voraussetzt, aber keine Kriterien dafür angibt, wie sie zu ermitteln seien. Denn die Frage — modern formuliert —, wann eine planwidrige Unvollständigkeit[119] vorliegt, bedingt eine Wertung[120]. Einen Maßstab hierfür teilt Falck nicht mit. Der wünschenswerte Umfang rechtlicher Regelung ließe sich jedenfalls nicht „durch die Vernunft" bestimmen[121]. Auch ein anderes, „allgemeines Princip" zu finden, sei ausgeschlossen[122]. Schließlich kann Falck nicht dahin interpretiert werden, daß jeder logisch mögliche Rechtssatz deshalb auch sein soll, denn er erkennt gewisse Rechtsverhältnisse als nur punktuell rechtlich geregelt an. Dann intendiert offenbar weder das Rechtsverhältnis selbst noch dessen bisherige rechtssatzmäßige Regelung Lückenlosigkeit[123]. Das Dogma logischer Rechtsfindung enthält zusammen mit der Verweisung der kritischen „Philosophie des politischen Rechts" in den metajuristischen Bereich im Grunde den Verzicht auf eine explizite Wertung der gesuchten Art. Die Gesetze der Logik mögen eine rechtssatzmäßige Entscheidung für den Fall, daß sie erforderlich wird, legitimieren, sagen aber nicht, wann dieser Fall eintritt. So geht Falck (sicher auf Grund einer verdeckten Wertung) einfach von der Entscheidungssituation aus. Dann soll es eine Entscheidung des Rechts, und nicht der Billigkeit des richterlichen Ermessens oder der Willkür sein[124].

Unklar bleibt ferner das Verhältnis der „analytisch" ermittelten „allgemeinen Rechtsgrundsätze" zum vorgefundenen Gesetzes- oder Gewohnheitsrecht. Vor allem für den denkbaren Fall, daß die „Rechtswahrheiten" auf positives Recht anderen Inhalts stoßen, ist keine Lösung ersichtlich. Wo hingegen materielle Übereinstimmung besteht, da ist, wie Falck selbst formuliert, das positive Recht nur „Ausspruch"[125]

---

[116] Betrachtungen, 25.
[117] E § 55 (96).
[118] E § 55 (97).
[119] Canaris, Die Feststellung von Lücken im Gesetz, 16 m. w. N.
[120] Heute allgemeine Meinung, vgl. z. B. Canaris, aaO, 17 m. w. N.
[121] E § 51 (91).
[122] Handbuch IV, 7.
[123] Vgl. den Beleg aus der Auslegungslehre Falcks, oben S. 45.
[124] Betrachtungen, 10.
[125] Betrachtungen, 77.

der entsprechenden Rechtswahrheit, „ratio scripta"[126]. Hier ist also das historisch Gewordene schlicht Ausdruck „rationeller" Erkenntnis. Insofern kommt der analytischen Methode die gleiche apologetische Funktion zu wie der geschichtlichen Arbeitsweise der historischen Schule[127]. So vermag Falcks Methode durchaus legitimistische Züge anzunehmen. Die erklärte Übernahme naturrechtlicher Ergebnisse — die ebenfalls weithin nur das ohnehin geltende Recht „rational" begründet wiedergaben — verstärkt diesen Trend. Er scheint vorherrschend zu sein; ein offener Divergenzfall taucht bei Falck nicht auf. Das vorgefundene „positive" Recht wird so lange als möglich als „rationell" fundiert angesehen; in dubio pro ratione, könnte man symbolisieren.

Die Auslegungslehre Falcks gibt ein bezeichnendes Beispiel. „Die geforderte absolute Gewißheit" des Auslegungsergebnisses als Voraussetzung des Richterspruchs sei nur so zu gewährleisten, „daß man dem zu erklärenden Gesetze im Gedanken eine Regel voranstelle, die so lange und so weit als geltend anzusehen ist, bis aus entscheidenden Gründen (sic) eine Aufhebung oder eine Beschränkung angenommen werden muß". Wenn nun „solche positive Gesetze" im „allgemeinen Theil" des Rechts vorkommen, im Bereich der „allgemeinen Rechtswahrheiten" also, „kann die voranzustellende Regel nur aus einer rationellen Theorie der rechtlichen Verhältnisse entnommen werden"[128]. So wird im Grunde die erst zu ermittelnde Bedeutung des Textes als bekannt vorausgesetzt. Der Bezugspunkt derart „dogmatischer Hermeneutik"[129] ist selbst dogmatischer Natur, eine inhaltlich fixierte „Regel", die als „geltend" anzusehen ist[130]. Ihre „Aufhebung" oder „Beschränkung" ist ein seltener (und gar nicht näher angegebener) Ausnahmefall. Das läßt abermals eine praktische Affinität der „gegebenen" Rechtsbegriffe zum gegebenen Recht vermuten.

Die methodische Position Falcks hat, wie jede Methodenlehre, einen doppelten Bezug[131]. Sie erfüllt zunächst innerhalb einer konkreten Rechtsordnung eine dogmatische Funktion. Die Methode wird bei der Lösung des Lückenproblems entwickelt und führt zur Konstruktion neuen geltenden Rechts. Die Gesamtheit des so begründeten Rechts ist ferner zugleich Hypothese und zu vermutendes Ergebnis der Auslegung des Gesetzes- und Gewohnheitsrechts im „rationellen" Rechtsbereich.

---

[126] Betrachtungen, 63.
[127] *Wilhelm*, Methodenlehre, 73.
[128] Betrachtungen, 30 f. „In dem historischen Theil des Rechts ist jene Regel ein früheres Gesetz oder ein älteres Herkommen" (aaO, 30).
[129] *Geldsetzer*, Einleitung, XXXII.
[130] Diese aus der „Natur der Lebensverhältnisse" gewonnenen Normen haben daher nichts mit jenem methodischen Modell zu tun, das die hermeneutische Funktion der Natur der Sache in der Vermittlung eines „fragenden Vorverständnisses" sieht, vgl. *Diesselhorst*, Natur der Sache, 224.
[131] *Larenz*, Methodenlehre der Rechtswissenschaft, Vorwort zur 1. Aufl., V.

Zum anderen ist jede Methodenlehre auf eine Rechtsideologie bezogen, auf eine bestimmte Auffassung vom „Wesen" des Rechts und der Wissenschaft hiervon. Es liegt in der Eigenart gerade des analytischen Verfahrens, die Suche nach den Gründen, die das „Wesen" einer Rechtserscheinung konstituieren, möglichst bis zum „höchsten Grund"[132] voranzutreiben und zugleich fortschreitend höhere Einheiten zum Objekt der Untersuchung zu wählen, schließlich den Rechtsbegriff selbst. So spricht Falck in Zusammenhang mit der analytischen Methode gelegentlich von einer „allgemeinen Rechtstheorie"[133]. Das weist auf jenen zweiten, rechtstheoretischen Aspekt hin.

3. Der Gegenstand der Rechtswissenschaft

a) Die Jurisprudenz und ihre Methode — Kriterien der Wissenschaftlichkeit

Am Ende des 18. Jahrhunderts vollzieht sich der Übergang vom Naturrecht zur Wissenschaft vom positiven Recht. Der Idee des Rechts als Manifestation einer metaphysischen Ordnung, die durch rationalen Diskurs zu erschließen ist, folgt die Idee des Rechts als lebendige Ordnung historischer Gemeinschaften[1], als effektive Determination sozialer Beziehungen kraft staatlicher Garantie. Dies bringt das Problem der adäquaten Methode mit sich.

Wenn man als Naturrechtsdenker „das Wissenswürdigste und das Allgemeingültige rein aus sich selber weiß, wie kann man Lust haben, es erst mühselig von außen zu holen"[2]? Dem entspricht eine mathematisch-deduktive Methode, Demonstration more geometrico. Die Konfrontation des rationalen Modells mit der gesellschaftlichen Wirklichkeit vermag diese Position nicht ernsthaft zu erschüttern: „il faut savoir ce qui doit être pour bien juger de ce qui est"[3]. Als man auf das historisch Besondere aufmerksam wird und es in „hypothetische Sätze"[4] faßt, bleibt das rational orientierte Ableitungsschema im Grunde erhalten. In die Obersätze werden lediglich Inhalte eingefügt, die erklärtermaßen nicht mehr einem „Dialog der Vernunft mit sich selbst"[5] entspringen, sondern einer Betrachtung der „Natur" und der Verhältnisse des Menschen[6]. Es gibt auch eine Deduktion aus der „Natur der Sache"[7]. Das

---

[132] Allg. juristische Betr., 238 f.
[133] E § 55 (97).
[1] Vicén, Formalismus, 48.
[2] Feuerbach, Blick auf die deutsche Rechtswissenschaft, 27 f.
[3] Rousseau, Emile, 242.
[4] Reitemeier, Enzyklopädie, XXX.
[5] Seidensticker, Juristische Fragmente, 2.
[6] Vgl. auch Böckenförde, Gesetz, 68.
[7] Maihofer, Die Natur der Sache, 53, 61. Zur Axiomatik jeglicher Folgerung vgl. Klug, Juristische Logik, 176.

Schlußverfahren führt zu differenzierteren (und von System zu System durchaus auch differierenden[8]) Ergebnissen. Die von Thieme beobachtete „Wendung von der Deduktion zur Empirie"[9] darf jedenfalls nicht als die Hinwendung zu einer empiristischen Methode verstanden werden[10]. Die Frage nach den historisch-empirischen Bedingungen einer nicht nur „besonderen", sondern als individuell verstandenen Erscheinung[11] impliziert allerdings die Abkehr vom Deduktionsmechanismus[12].

Der rechtstheoretische Funktionswandel des Naturrechts hingegen beeinflußt die Methode nicht notwendig. Wo das Naturrecht nun zur „Philosophie des positiven Rechts" wird, bedeutet das nicht immer auch Preisgabe der deduktiven Methode[13]. Darin liegt zunächst nur die Abkehr von der dogmatisierenden Tendenz, das positive Recht zu erklären und zu legitimieren; Naturrecht gewinnt wieder kritische Funktion. Damit ist freilich häufig eine „induktive" oder auch eine analytische Methode in dem Sinne der Aufklärungsphilosophie[14] verbunden, daß ausgehend von einem „Tatsächlichen" der „hypothetische" Satz ermittelt wird[15]. Unabhängig davon ist man aber allermeist bemüht, eine „Wahrheit" zu formulieren. Das Ideal quasi-mathematischer Beweiskraft erscheint zwar „wesensmäßig", aber nicht ausschließlich der axiomatisch-deduktiven Methode zugeordnet. Auch das analytische Verfahren ist der Orientierung an der rationalen „Richtigkeit" logisch-evidenter Denkfiguren zugänglich[16].

Für den konsequenten Positivisten radikalisiert sich das Methodenproblem. Nicht mehr eine rationale Konstruktion, nicht einmal mehr philosophische Kriterien des positiven Rechts[17], sondern die geltenden

---

[8] *Thieme*, Die Zeit des späten Naturrechts, SZGerm 56 (1936) 235.
[9] *Thieme*, aaO, 215, 230.
[10] Dazu schon oben 4. Kap. 2 c).
[11] *Hönigswald*, Geschichte der Erkenntnistheorie, 165 f.
[12] Zum „säkularen Gegensatz" der „Grundorientierung" *Wieacker*, Privatrechtsgeschichte, 335, Fßn. 23.
[13] So *Thieme* selbst, aaO, 233; vgl. auch v. *Hippel*, Gustav Hugos juristischer Arbeitsplan, 55 f.; *Wieacker*, Friedrich Carl von Savigny, SZRom 72 (1955) 27, bezeichnet für das ausgehende 18. Jahrhundert die Deduktion als „herrschendes" Verfahren.
[14] *Cassirer*, Die Philosophie der Aufklärung, 6 ff.
[15] Zu den auch induktiven Elementen der Methode bereits bei *Grotius* und *Pufendorf* vgl. *Marx*, Die juristische Methode der Rechtsfindung aus der Natur der Sache bei Johann Stephan Pütter und Justus Friedrich Runde, 104 ff. m. w. N. Vgl. auch *Bärmann*, Zur Methode des Vernunftrechts, 14 f., und zur resolutiv-kompositorischen Methode *Pufendorfs Welzel*, Die Naturrechtslehre Samuel Pufendorfs, 25.
[16] *Thibauts* Abneigung gegen die „Axiomatiker" schließt daher eine „juristische Mathematik" in diesem Sinne nicht aus. *Kiefners* vorsichtige und möglichst einschränkende Deutung der Thibautschen Rede von „juristischer Mathematik" ist nur teilweise berechtigt (*Kiefner*, Geschichte und Philosophie des Rechts bei A. F. J. Thibaut, 8, 20, und *ders.*, A. F. J. Thibaut, SZRom 77 [1960] 309, 320).
[17] Zu dieser Ausgrenzung der Philosophie des positiven Rechts vgl. oben 2. Kap.

Normen selbst avancieren zum „eigentlichen"[18] Objekt des juristischen Denkens. Die Rechtswissenschaft ist „Darstellung der in einem Lande geltenden Rechtsnormen"[19]. Der empirische Befund des Daseins vielfältiger und veränderlicher Norm-Realitäten läßt eine allgemeingültige Rechtserkenntnis zweifelhaft werden. Wie sollte man „das rein Historische in seiner ursprünglichen Gestalt, in seiner ganzen Fülle lebendiger Kraft und Freiheit bewahren"[20]? Allgemeingültige Erkenntnis — insoweit bleibt man dem Vernunftrecht verpflichtet — scheint ein allgemein Gültiges vorauszusetzen. Das Phänomen der Historisierung und Positivierung des Erkenntnisgegenstandes stellte alle Geisteswissenschaften vor das gleiche Problem, den rationalen Wahrheitsbegriff beizubehalten oder ihn gegen die relative Wahrheit der Relation zu historischen Daten einzutauschen[21]. Jakob Grimm spricht von „ungenauen Wissenschaften" und definiert sie als Wissenschaften „vom Menschlichen in der Sprache, in der Literatur, im Recht, in der Geschichte"[22].

Im Bewußtsein dessen, daß der Wissenschaftscharakter der Jurisprudenz auf dem Spiele steht, nimmt Falck die Kirchmannsche Kritik glänzend vorweg: „Unter allen Bearbeitern der Wissenschaft wäre dem Juristen das traurigste Loos gefallen, wenn allein die wechselnde Gesetzgebung den Stoff für seine Forschungen darböte, und wenn es für ihn keine andere Wahrheit gebe, als die durch das geschriebene Wort und die Sanction der Gesetze Wahrheit ist, heute vielleicht noch, aber auch morgen vielleicht nicht mehr. Ein so leicht vergängliches Wesen ist kaum ein würdiger Gegenstand wissenschaftlichen Strebens, und kaum werth der Zeit und Mühe, die darauf verwandt werden müssen. Einige haben wirklich an der Rechtswissenschaft verzweifelt, und Rechtsgelehrte haben ihr eignes Loos bedauert, daß der Gegenstand ihres Forschens stets dahinschwinde und ein Neues immer das andere dränge. Nur das geschichtliche Studium, welches sich mehr an dem Bestehenden der Vergangenheit, als an dem Wechselnden der Gegenwart hält, kann bei solcher Überzeugung den Unmuth beschwichtigen über die Wandelbarkeit des Rechts, und über die stets sich erneuernde Umgestaltung der Wissenschaft nach einem andern Gesetze, als dem des lebendigen Strebens zur Wahrheit[23]."

Falck, der diese Überzeugung nicht teilt, bemüht sich andererseits nicht darum, den althergebrachten Wahrheitsbegriff der mathematischen Wissenschaften durch einen neu zu konzipierenden, geisteswissen-

---
[18] Vgl. die Formulierung *Hugos*, Enzyklopädie, 1. Aufl. 1792, 2, zitiert oben 1. Kap. 1) FßN. 26.
[19] E § 20 (35).
[20] *Feuerbach*, Blick auf die deutsche Rechtswissenschaft, 26.
[21] Vgl. *Rothacker*, Logik und Systematik der Geisteswissenschaften, 129 ff.
[22] *J. Grimm*, Über den Wert der ungenauen Wissenschaften, 563 ff., bes. 566.
[23] Betrachtungen, 16 f.

schaftlichen zu ersetzen[24]. Allgemeine Rechtswahrheiten kommen durch „juristische Mathematik"[25] zustande. Die Wahrheit liegt darin, daß es so sein muß, in einem logischen und daher „absoluten" Zusammenhang[26]. Die axiomatische Deduktion wird zwar zu Gunsten der Analyse eines „Factums" aufgegeben, doch das rationale, mathematisch-strenge Verfahrens- und daher Richtigkeitsideal bleibt erhalten. Es gilt, „positiven" und „rationalen" Geist zu vereinen[27]. So entsteht die Paradoxie, daß eine Rechtswissenschaft, die als ihren Gegenstand zunächst das Irrationale, Zufällige, historisch Wechselnde annimmt, ihn mit Hilfe rationalistischer Prämissen zu begreifen sucht. Doch die Aporie wird umgangen, indem man das Problem verschiebt. Die ursprüngliche Frage ist eigentlich gar nicht, wie Erkenntnis eines positiven Rechts möglich sei, sondern sogleich die, wie diese Aufgabe von den methodischen Voraussetzungen des Rationalismus her zu lösen sei[28]. Falck intendiert im Grunde nicht eine Methode, sondern ein taugliches Objekt für eine bereits feststehende Methode[29]. Es ist bezeichnend, daß er die Methode der Auffindung allgemeiner Rechtswahrheiten der Bestimmung ihres Umfangs (das heißt: Regelungsgegenstands) voranstellt. Auf der Suche nach Elementen, die mathematisch-rationalem Verstehen zugänglich sind, wird die Idee des Rechtsganzen als konkreter Realität je individuellen Charakters aufgegeben. Denn jene Elemente müssen dauernde, bleibende sein. Nur dann können sie Objekt allgemeingültiger Erkenntnis sein.

Geschichtlicher Sinn andererseits stürzt die Rechtswissenschaft in einen Zwiespalt. Die Lösung Falcks: Das Recht wird zu einem Kompositum auseinanderkonstruiert.

„Das Veränderliche und Wechselnde kann freilich niemals aus der Rechtswissenschaft entfernt werden, denn das Leben hat keinen stehenden Typus, der sich gleichmäßig bei allen Völkern und Generationen wiederholte. Aber neben diesem Gebiete wechselnder Rechtsnormen, liegt ein anderes, das Gebiet der rationellen Rechtswahrheiten, welches ganz und allein der Wissenschaft angehören kann...[30]." „Das Resultat dieser wissenschaftlichen Ergründung ist doch allein das Bleibende und

---

[24] *Droysen* hat ihn später angedeutet, Grundriß der Historik, 326 ff., passim.
[25] Betrachtungen, 13.
[26] E § 55 (97).
[27] Für das 18. Jahrhundert vgl. *Cassirer*, Die Philosophie der Aufklärung, 9. So lehrt z. B. *Thibaut:* „Die Wahrheit" wissenschaftlicher Sätze beruht „zuletzt auf der Wahrheit des gemeinschaftlichen höheren Grundsatzes", aus dem sie systematisch richtig (und das heißt: logisch) abgeleitet sind (Enzyklopädie, 1).
[28] *Vicén*, Formalismus, 53.
[29] Das ist bei *v. Hippel* angedeutet in der Bemerkung, daß die naturrechtliche „Epoche" die Vernunftkritik schon in die empirische Gegenstandsforschung hineingetragen habe (Gustav Hugos juristischer Arbeitsplan, 72).
[30] Betrachtungen, 17.

Ewige, dasjenige, welches frey seyn kann von geschichtlichen Einwirkungen; alles Andere dagegen ist dem Wechsel der Zeiten, der politischen Ansichten und oft sogar einer reinen Willkühr unterworfen[31]."

Bezogen auf die drei rechtswissenschaftlichen Grundfragen: „I. Was ist Rechtens? II. Ist es vernünftig, daß es so sey? III. Wie ist es Rechtens geworden?"[32] bedeutet dies, daß die Rechtswissenschaft in ihrem „rationellen" Teil eindimensional wird. Die Fragen I und II werden nicht mehr getrennt gestellt. Die allgemeinen Rechtswahrheiten „sind" Recht, und sie sind „vernünftiges" Recht. Frage III ist hier, im Bereich des Geschichtslosen, notwendig so Seienden, gegenstandslos. Die historische Schule ist zunächst einen anderen Weg gegangen. Ihr konstituierendes Prinzip ist die Fusion der Fragen I und III zur Frage nach dem „Stoff" des Rechts. Daraus entsteht das Problem der Polarität von „philosophischer" (d. h. praktisch: logischer) „Form" und „Stoff"[33]. Falck eliminiert dieses Problem im Grunde. Die Methode bestimmt die Struktur des „Stoffs". Eine derartige Dogmatik des geltenden Rechts, die das „Princip und das Kriterium"[34] des Rechts mit dem existenten Recht identifiziert, bedarf keiner kritischen Instanz, keinen zetetischen Rechtsphilosophie mehr. Denn im Bereich der allgemeinen Rechtswahrheiten verbürgt die Methode Wahrheit und Richtigkeit. Die Lehre von den allgemeinen Rechtswahrheiten ist vermöge dergestalt immanenter Kriterien zugleich eine Lehre vom richtigen Recht.

Diese Position Falcks macht noch einmal deutlich, warum er die „Philosophie des positiven Rechts" als nicht zur „Rechtswissenschaft" gehörige Thematik ausweist (im Doppelsinn des Wortes)[35]. Sie akzentuiert zudem die erwähnte Inanspruchnahme naturrechtlicher Lehren und Ergebnisse[36]. Denn Falck konzediert ihnen, die Natur der Lebensverhältnisse „richtig" bestimmt zu haben. Naturrechtliche Wertvorstellungen bilden den Hintergrund seiner Rechtslehre. So kann er die Kriterien der „Wahrheit" auf die formale Richtigkeit der Methode reduzieren. Falcks allgemeine Rechtstheorie ist daher, obwohl sie in der „logischen" Untersuchung des Rechts fortschreitet, nicht eigentlich wertfreie Strukturanalyse im Sinne einer (formal) positivistischen Rechts-

---

[31] Betrachtungen, 16.
[32] *Hugo*, Enzyklopädie, 2. Aufl. 1799, 15.
[33] *Wieacker*, Wandlungen, 11 ff.; *Feuerbach*, Empirie, 9, 18; vgl. auch *Feuerbachs* Metapher vom Verhältnis des Bildhauers zu seinem Material, Blick auf die deutsche Rechtswissenschaft, 27.
[34] *Feuerbach*, Empirie, 18.
[35] Andererseits ist auch *Hugo* konsequent: die kritische Funktion der von ihm konzipierten Rechtsphilosophie steht dem Versuch entgegen, sie zur Schließung von Lücken im Rahmen der Dogmatik des geltenden Rechts heranzuziehen (Philosophie des positiven Rechts, 34).
[36] E § 52 (92).

4. Kap.: „Natürliches Recht" und „allgemeine Rechtslehre"

theorie[37], sondern eine verdeckt materiale Grundtheorie des Rechts. Nur deshalb, weil sie letzten Endes die Frage nach dem „Gerechten" beantwortet, ermöglicht sie auch eine Rechtsdogmatik, vermag sie — dies die Intention Falcks[38] — zum Prinzip der Dogmatik zu werden[39]. Die „allgemeine Rechtstheorie" Falcks ist nur scheinbar der Beginn einer allgemeinen Rechtslehre im heutigen Sinne[40]. Für den naturrechtlichen Traditionszusammenhang bezeichnend ist ferner, daß er in erster Linie auf Grotius und Pufendorf verweist, die in der typischen Manier des 17. Jahrhunderts Rechtsprobleme quasi-mathematisch vermittelten[41]. Das stellt nochmals eine innere Beziehung zur „mathematischen" Methode Falcks her.

Es ist eine systemgeschichtlich traditionsreiche Einteilung der Disziplinen, die sich in Falcks wissenschaftstheoretischer Folie abzeichnet. Die allgemeine Rechtstheorie umfaßt nur Verhältnisse, „welche nicht nothwendigerweise nach Zweckbestimmungen, nach Gefühlen und ethischen Principien geordnet werden..."[42]. Hier entstehen die Rechtsverhältnisse nicht „in Gemäßheit ethischer oder politischer Beziehungen"[43]. Auch „staatswirthschaftliche ... Zwecke" sind dem Recht „an sich fremdartige" Elemente[44].

Ethik, Politik und Ökonomie gelten bis ins 19. Jahrhundert als Disziplinen der „praktischen Philosophie"[45]. Mit der Emanzipation vom Naturrecht als (ethische) Lehre von den „natürlichen Pflichten" sagt sich Falck offen von der gesamten „philosophia practica" los. In dieser Beziehung bezeichnend ist, daß Falck, wo er vom „bleibenden Werthe" naturrechtlicher Forschungen spricht, die „Erkenntniß der ethischen Grundsätze an und für sich und in ihrer Anwendung auf die Verhältnisse des menschlichen Lebens" für unverwertbar hält[46]. Ganz entspre-

---

[37] Dazu *Eckmann*, Rechtspositivismus und sprachanalytische Philosophie, 17 ff.
[38] Vgl. 4. Kap. 2 a) a. E.
[39] *Viehweg*, Über den Zusammenhang zwischen Rechtsphilosophie, Rechtstheorie und Rechtsdogmatik, 205, 207.
[40] *Friedrichs* Urteil, daß die allgemeine Rechtslehre in Deutschland später als in England hervortrete (Die Philosophie des Rechts in historischer Perspektive, 57), bedarf, was *Falck* betrifft, nicht der Korrektur. *Bärmann*, Zur Methode des Vernunftrechts, 9, geht anscheinend von einem viel weiteren Begriff der allgemeinen Rechtslehre aus und verwendet ihn so bereits für *Oldendorp* (aaO).
[41] *Cassirer*, Die Philosophie der Aufklärung, 317 (zu *Grotius*); *Wieacker*, Privatrechtsgeschichte, 271 (zu *Pufendorf*); *Welzel*, Die Naturrechtslehre Samuel Pufendorfs, 14 f.; *Dilcher*, Gesetzgebungswissenschaft und Naturrecht, JZ 1969, 2 r. Sp.
[42] E § 56 (98).
[43] Betrachtungen, 13.
[44] E § 53 (94 f.).
[45] *Hennis*, Politik und praktische Philosophie, 30. Zum Beispiel *Thibaut*: „Das Naturrecht und die Moral sind beygeordnete Theile der practischen Philosophie" (Enzyklopädie, 235).
[46] E § 52 (92).

chend kann Savigny, der ebenfalls den rechtlichen vom moralischen und politischen Aspekt unterschieden wissen will[47], sagen, daß Jurisprudenz „an sich... ebenso gut ohne Naturrecht als mit solchem studiert" werden kann[48]. Die „betrachtende" Philosophie[49], die die (juristische) „Natur" der Lebensverhältnisse ergründet, wird allein maßgeblich — und verliert dadurch ihre Eigenart und Eigenständigkeit als philosophische Disziplin. Sie geht in der „juristischen" Methode auf: beschränkt man nämlich „den Begriff des Philosophischen auf die bloße Methode, und will man also damit nur die wissenschaftliche Behandlungsweise überhaupt bezeichnen, so muß freilich jede gelungene Arbeit zugleich philosophisch genannt werden können"[50].

Ein ähnlicher Philosophiebegriff läßt sich bei Austin verfolgen. Zu seiner Terminologie ist zu bemerken, daß er zwar die Bezeichnung „philosophy of positive law" von Hugo entlehnt (wie er selbst sagt[51]), darunter aber etwas ganz anderes versteht. „Philosophy of positive law" ist gleichbedeutend mit „general jurisprudence", „is concerned with law as it necessarily is, rather than with law as it ought to be...". Diese letztere Frage zu beantworten, sei andererseits Sache der „science of ethics", was wiederum gleichbedeutend ist mit „science of legislation"[52].

Noch im 18. Jahrhundert besagt „Philosophie" soviel wie Erkenntnis, Erklärung, Begründung, begründende Wissenschaft. „Philosopher, c'est donner la raison de choses, ou dumoins la chercher..."[53]. Nicht nur, daß Falck die „bloße Methode" mit „Philosophie" schlechthin identifiziert, selbst die Art der Methode entspricht der enzyklopädischen Bearbeitungsweise. Im „système figuré des connaisannces humaines"[54] umfaßt „raison" als „philosophie" ganz allgemein die „metaphysique générale, ou ontologie". Verfolgt man die „logique", eine Unterabteilung der „science de l'homme" (zu der daneben noch „morale" gehört), bis zu „art de penser", so findet man dort unter „methode" nur einen Begriff: „démonstration". Er gliedert sich auf in „analyse" und „synthese". „Ces operations pouvant avoir pour objet ... la dé-

---

[47] *Hollerbach*, Der Rechtsgedanke bei Schelling, 299 f.
[48] *Savigny*, Juristische Methodenlehre, 50.
[49] *Hennis*, aaO.
[50] Historisch-juristische Analecten, 180. Auf der gleichen Linie liegt, daß „philosophisch" für *Savigny* so viel bedeutet wie „systematisch"; *Wieacker*, Privatrechtsgeschichte, 367.
[51] *Austin*, Lectures, 33.
[52] *Austin*, aaO. *Austin* kritisiert, daß *Hugo* hier unscharf bleibt: „General jurisprudence, or the philosophy of positive law, is blended and confused, from the beginning to the end of the book, with the portion of deontology or ethics, which is styled the science of legislation" (aaO).
[53] Encyclopédie, Tom. 12, Artikel „Philosophie", 2. Teil, 1. Absatz, 512.
[54] Encyclopédie, Tom. 1, vor dem Discours préliminaire.

couverte de la vérité...[55]." Dies erhellt den zeitgenössischen Konnex zwischen der logischen Methode und dem mathematisch-rationalen, absoluten Wahrheitsbegriff. Die zwingende Kraft des „rationellen", logisch-analytischen Verfahrens macht für Falck die „philosophische" Methode aus und begründet deren Rang als allein konstituierendes Prinzip der „Wissenschaft".

Dahinter wird ein aristotelisches Muster sichtbar. Aristoteles, der unter Philosophie jede begründende Wissenschaft versteht[56], begreift daher auch die Mathematik als philosophische Disziplin[57] — als „juristische Mathematik" läßt sich nach Falck im Bereich der allgemeinen Rechtswahrheiten die Eigenart der (philosophischen) Methode kennzeichnen. Diese Rechtswahrheiten sind auf die gleichbleibende „Natur der Rechtsverhältnisse" gegründet, sie sprechen nur aus, „was ist" — Wissenschaft in aristotelischem Sinne handelt von der unveränderlichen Natur der Dinge, von dem, was stets und notwendig ist[58].

Das „Nothwendige aber und allgemein Erkennbare"[59] beruht auf „Thatsachen ... die in jeder bürgerlichen Gesellschaft vorkommen"[60]. Falck denkt hier, wie bereits erwähnt[61], an Eigentum, Verträge, unerlaubte Handlungen. Mag das „Leben ... keinen stehenden Typus" haben[62], so gibt es doch einen Grundbestand an rechtlichen Beziehungen, die sich in jeder Rechtsordnung nachweisen lassen. Diese Rechtsverhältnisse ergeben sich stets (aber auch nur) dann, wenn eine Rechtsordnung überhaupt etabliert wird. Es sind dies die „rechtlichen Folgen, welche mittelbarerweise durch die Thatsache gegeben sind, daß eine bürgerliche Gesellschaft und eine Rechtsordnung existirt..."[63].

Die „Allgemeinheit" der Anknüpfungspunkte und die „Wahrheit" der Methode analytischer Begriffsentwicklung begründen die über ihre Geltung als „Recht" hinausweisende Bedeutung der „allgemeinen Rechtswahrheiten" als einer (sachhaltigen) „allgemeinen Rechtstheorie"[64].

b) Exkurs: Austin

Das reizt zum Vergleich mit dem Rechtsdenken Austins. Freilich sind dem schon dadurch Grenzen gesetzt, daß die Ausführungen Falcks zur allgemeinen Rechtstheorie nicht, wie bei Austin, umfassend ausgearbeitet, sondern Programm geblieben sind.

---

[55] Discours préliminaire, Tom. 1, XVII.
[56] Vgl. *Kambartel*, Erfahrung und Struktur, 65.
[57] *Aristoteles*, Metaphysik, VI, 1, 1026 a, 18 f.
[58] *Aristoteles*, Nik. Ethik VI, 3, 1139 b, 18 ff.
[59] Betrachtungen, 16.
[60] E § 55 (97).
[61] Vgl. oben S. 51.
[62] Betrachtungen, 17.
[63] E § 55 (96).
[64] Betrachtungen, 12; E § 55 (97).

Da scheint die bestechendste Parallele im Austinschen Konzept einer „General Jurisprudence" zu liegen. „I mean ... by General Jurisprudence, the science concerned with the exposition of the principles, notions, and distinctions, which are ommon to systems of law ... Some may be esteemed necessary. For we cannot imagine coherently a system of law ... without conceiving them as constituent parts of it[65]." Es seien dies vor allem — und auch diese Beispiele erinnern an den Bereich der „allgemeinen Rechtswahrheiten" — die Begriffe von Recht, Unrecht, Anspruch, Pflicht, Strafe, Handlung[66]. Diese Begriffe seien zu analysieren. Dies geschieht, indem Austin ihre unterschiedliche Bedeutung im jeweiligen Funktionszusammenhang aufhellt, ihren vielfältigen Querverbindungen im Rechtssystem nachgeht und sie so in ihrer Verknüpfung als Zentralbegriffe erweist, über die eine Verständigung möglich ist[67]. Der nur lose Zusammenhang verschiedener Definitionen (oder gar eine Anzahl zusammenhangloser Definitionen) genüge dem nicht[68]. Demgegenüber fiel es schwerer auszumachen, was Falck unter „analytische(r) Entwickelung gegebener Begriffe" versteht. Daß aber die Ausdrücke „Analysis" und „analytische Methode" keineswegs „feste oder auch nur übliche Termini der zeitgenössischen deutschen Rechtswissenschaft" waren, wie A. B. Schwarz meint[69], ist nur begrenzt richtig. Immerhin rühmt Feuerbach die „Analysis (Entwicklung und Anwendung) der Rechtssätze und Rechtsbegriffe"[70] als die bewunderswerte Leistung römischer Jurisprudenz, bestechend durch die „Logik" mit ihrer „Konsequenz und Strenge", die einer „Demonstration" nahekomme. Interessant zu beobachten, wie Falck in demselben Zusammenhang ebenfalls zu diesem Terminus greift: „Die Analyse der Rechtsgrundsätze und der juristischen Geschäfte hat freilich bei den Römern eine so große Vollendung erreicht, daß sie nach Leibnitzens Kennerurtheil der mathematischen Consequenz nahe kommt[71]." „Die tiefere Erforschung und analytische Entwickelung der Rechtssätze, von welchen uns die Pandektenschriftsteller ein so ausgezeichnetes Muster vor

---

[65] *Austin*, Lextures (On the Study of Jurisprudence), 1108.
[66] *Austin*, aaO.
[67] *Austin*, aaO, 1111: "The import of the terms in question is extremely complex. They are short marks for long series of propositions." Vgl. auch Encyclopedia of Philosophy, 210 ff.
[68] Die Gefahr des Zirkelschlusses komme hinzu, vgl. *Austin*, aaO: "Many of those who have written upon Law, have defined these expressions. But most of their definitions are so constructed that, instead of shedding light upon the thing defined, they involve it in thicker obscurity... The pretend definitions are purely circular."
[69] *Schwarz*, Austin, 87.
[70] *Feuerbach*, Blick auf die deutsche Rechtswissenschaft, 37. Zur Analyse der Wortverwendung vgl. *Gagnér*, Ideengeschichte, 55.
[71] Betrachtungen, 70 f.

4. Kap.: „Natürliches Recht" und „allgemeine Rechtslehre"

Augen stellen..."[72], mache „die wissenschaftliche Seite" aus, die man auch „den Geist der Analyse nennen" könne[73]. Beide, Feuerbach und Falck, meinen mit analytischem Vorgehen hier wohl nichts anderes als eine streng logische, „juristisch" begründende Argumentation unter Ausschluß offen zweckorientierter, wertender Gesichtspunkte[74]. Falck stellt der Analyse die „teleologische"[75], Feuerbach die „synthetische" Betrachtung gegenüber (und meint damit die „Weisheit der Gesetzgebung")[76]. In ganz ähnlichem Sinne spricht Warnkönig von „Analyse" da, wo es aus invariablen Sozialstrukturen rechtliche „Natur"-Gesetze zu erschließen gelte[77].

Wie Austin verfolgt auch Falck das Ziel, durch Begriffsanalyse die Bedeutung eines Begriffs in rechtlichem Kontext klarzustellen und angebbar zu machen[78]. Zwischen Analyse und Definition unterscheidet Falck allerdings nicht[79]. Überdies muß vorsichtig stimmen, daß er bereit ist, die Ergebnisse naturrechtlicher Versuche als Inhalt „allgemeiner Rechtswahrheiten" zu rezipieren[80], Versuche, von denen sich Austin gerade

---

[72] *Falck*, Vorrede zu *Blackstones* Handbuch des englischen Rechts, Bd. 1, III f.; abgedruckt bei *Hattenhauer - Buschmann*, Textbuch zur Privatrechtsgeschichte der Neuzeit mit Übersetzungen, 261. Ebenso *Austin*, Lectures, 1115 f.: „In support of my own opinion of these great writers I shall quote the authority of two of the most eminent Jurists of modern times." Es folgt das Zitat der Ausführungen *Falcks* (E § 109 [211 ff.]), wonach die römischen Juristen nicht durch ihre Ergebnisse, sondern vielmehr durch die Methode ihrer Arbeit vorbildlich geworden seien. Diese Übereinstimmung betont *Agnelli*, Austin, 32. Zur heutigen (anderen) Auffassung vgl. *Behrens*, Begriff und Definition in den Quellen, SZRom 74 (1957) 352 ff. m. w. N.; *Coing*, Systemgedanke, 30 ff. (bes. 35: „Schein einer Deduktion" bei Gaius); *Kaser*, Zur Methode der römischen Rechtsfindung; bemerkenswert die andere Auffassung *Kierulffs*, Theorie des gemeinen Civilrechts, Vorrede, XXIII. Danach zeichnet sich die römische Jurisprudenz durch „juristischen Tact" und die „Unmittelbarkeit des Gefühls" aus. Sie „vermag darum nicht den Begriff bewußt zu erfassen und festzuhalten...". Ihre „Größe" liege gerade nicht „in allem demjenigen, was eine verstandesmäßige oder gar wissenschaftliche Auffasung des Rechts characterisirt".
[73] E § 109 (212 f.).
[74] Vgl. 4. Kap. 2 c).
[75] Historisch-juristische Analecten, 181.
[76] *Feuerbach*, aaO.
[77] *Warnkönig*, Enzyklopädie, 77, u. ders., Versuch, 39. Ein Zitat bei *Gerber*, Das wissenschaftliche Princip des gemeinen deutschen Privatrechts, 61 Fßn. 31, weist auf einen weiteren Beleg hin: *Gmeiner*, Das allgemeine Lehnrecht in wissenschaftlicher Lehrart vorgetragen, 40: Wenn erst „die wesentlichen Bestandtheile einer Gesellschaft oder eines Vertrages festgestellt worden sind, so kann man durch die Auflösung und Auseinandersetzung der Begriffe, die in den wesentlichen Bestandtheilen derselben liegen, mit apodiktischer Gewißheit analytische Sätze herleiten, und mittelst dieser Sätze Pflichten und Rechte apodiktisch gewiß bestimmen...".
[78] Vgl. oben S. 50.
[79] Es scheint so zu sein, daß er die Definition für das zusammenfassende Ergebnis allseitiger Analysen hält, vgl. seine Erörterungen zum Begriff der Ehre, 4. Kap. 2 c).
[80] E § 52 (92).

distanziert[81]. Es kommt hinzu, daß Austin „General Jurisprudence" und „Particular Jurisprudence" (die Wissenschaft von dem in einem konkreten Gemeinwesen geltenden Rechte) sauber trennt[82]. Bei Falck hingegen sind die allgemeinen Rechtswahrheiten integrierender Bestandteil der Dogmatik; sie begründen den Wissenschaftscharakter der Beschäftigung mit dem geltenden Recht. Es geht ihm, wie gesagt, um das Bleibende, Ewige im aktuell geltenden Recht. Die Aussicht, von daher ein Arsenal rechtlicher Möglichkeiten überhaupt zu erschließen und gewisse Fundamentalbegriffe für jede denkbare Rechtsordnung verfügbar zu machen, gewinnt demgegenüber kaum Gewicht.

Weiter verneint A. B. Schwarz die Übereinstimmung der Konzeptionen Austins und Falcks, indem er betont, daß Falck in der Ableitung der Rechtsgrundsätze etwas von der Feststellung des positiven Rechts Verschiedenes gesehen habe, etwas, das kaum von einer bestimmten Spielart des Naturrechts zu unterscheiden sei[83]. Das ist zumindest mißverständlich. Zwar ist es sicher richtig im Hinblick auf die bereits erwähnte Falcksche Terminologie[84]: „positiv" ist das natürliche Recht deshalb nicht, weil es rational produziert und nicht „durch Zeugnisse erkannt" wird. Indessen ist es geltendes Recht, wenn auch inhaltlich weitgehend „Naturrecht". Es ist „in einem Staate practisch"[85], mittelbar sanktioniert durch die Ableitung aus anerkannten Sätzen und dadurch, daß es von der lückenhaften Rechtsordnung stillschweigend vorausgesetzt wird. Vom Staate erzeugt ist der Komplex des „natürlichen Rechts" jedoch nicht, und darin liegt ein gravierender Unterschied zur „legal theory" Austins, der eine solche Normenkategorie nicht anerkennt[86].

So erschiene es gewagt, einen unmittelbaren Einfluß Falcks auf Austin behaupten zu wollen[87]. Sicher ist nur, daß sich Austin — „warmly admiring German literature"[88] — auch in Einzelheiten mit Falcks

---

[81] *Austin*, Lectures, 593, Marginal Note zu *Falck*, E § 57.
[82] *Austin*, aaO, 1107.
[83] *Schwarz*, Austin, 87, bezeichnenderweise unter Verweis auf *Bergbohms* Kritik an *Falck* (dazu oben 4. Kap. 2 c), 2. Absatz).
[84] Vgl. oben 3. Kap. 2).
[85] Betrachtungen, 7.
[86] Vgl. das Zitat aus *Austin*, 2. Kap. Fßn. 32. Ferner *Austin*, Lectures, 593 (Marginal Note zu *Falck*, E § 57): "The objections to applying the term Law to natural... rules are two: Ist, A s such rules they are n o t law; although it may be incumbent... to lend them the legal sanction... 2ndly, Many of these natural rules... may not be fit for l a w, although their observance as moral... rules is necessary to the well-being of society. These objections hold, assuming that there are any such rules."
[87] Zu weitgehend wohl *Manning*, Austin To-day: Or "The Province of Jurisprudence" re-examined, der *Austin* "a borrower... from Falck" nennt. Vorsichtiger *Schwarz*, Einflüsse deutscher Zivilistik im Ausland, 55.
[88] *Austin*, Lectures, 334 Note (a).

Ansichten eingehend auseinandergesetzt hat, zustimmend und ablehnend[89].

c) „Allgemeine Rechtswahrheiten" als Charakteristikum einer zeitgenössischen Rechtstheorie

Beide Konzeptionen weisen aber, hat man sie erst methodengeschichtlich dechiffriert, einen gemeinsamen Grundzug auf. Es ist dies der Gedanke der „General Jurisprudence", der „allgemeinen Rechtswahrheiten" — das Ergebnis der Suche nach unveränderlichen Elementen in einem streng geltungspositivistisch und daher historisch-konkret begriffenen Recht. Die Erforschung dieser Fundamentalbegriffe bzw. konstanten Normen wird zum eigentlichen Gegenstand der Rechtswissenschaft. Daneben steht die Wissenschaft vom historisch-partikulären Recht, „Particular Jurisprudence" als besondere Disziplin bei Austin, der „historische Theil des Rechts" bei Falck. Im Hintergrund steht abermals ein naturrechtlicher Traditionszusammenhang. Dort war ein von postulierten Prinzipien deduziertes und daher allgemeingültiges System das Objekt der sog. Universaljurisprudenz, der wahrhaft allgemeinen und daher wissenschaftlichen Rechtskenntnis[90]. Die „besondere Rechtswissenschaft" beschäftigte sich mit den Besonderheiten der positiven Rechtsordnung[91]. Wissenschaft aber war nur da, wo Bedingungen des „Möglichen" angegeben werden konnten, und das nur „Besondere" war auf Gründe hin nicht analysierbar. In diesem Sinne wurde Hobbes die Analysis zur Garantie wissenschaftlicher Objektivität[92]. Der doppelte Gesichtspunkt ist bei Wolff („Wie die bürgerliche Rechtsgelehrsamkeit nach einer beweisenden Lehrart einzurichten sey") abschließend formuliert[93]. Noch in der Einteilung in ein „absolutes" und ein „hypothetisches" Naturrecht läßt sich das Muster verfolgen. Wendet man das „reine", „natürliche" Recht auf „besondere, in der Erfahrung gegebene, Thatumstände" an, so entsteht daraus ein Recht, das „unendlich, wie die Erfahrung", ist. „Es kann mithin nie ... in einer geschlossenen Wissenschaft (sic!) dargestellt werden[94]."

Jener wissenschaftstheoretische Gegensatz von Naturrecht und positivem Recht wird vom Positivismus Falckscher Spielart in das positive

---

[89] *Austin*, Lectures, bezieht sich an folgenden Stellen auf *Falck* (bereits verwendete und noch zu zitierende Fundstellen werden hier nicht nochmals angeführt): 365 FßN. 36; 411 (Marginal Note zu E § 18); 580 FßN. 40; 594 (2 Marginal Notes zu E § 46); 659 FßN. 65; 732 f. (Marginal Note zu E § 27).
[90] *Vicén*, Formalismus, 55.
[91] Offenbar i. S. dieser Vorstellung spricht noch *Hugo* zunächst von der „Jurisprudenz" schlechthin und dann von ihrem „eigentlichen" (besonderen) Gegenstand, vgl. 1. Kap. 1) FßN. 26.
[92] *Hönigswald*, Geschichte der Erkenntnistheorie, 114 f.
[93] Ebenso schon *Grotius*, De iure belli ac pacis, Prol. § 30.
[94] *Thibaut*, Enzyklopädie, 25.

Recht projiziert und führt zur Doppelung des Rechts in rational erfaßbare, bleibende, und empirisch-zufällige, historisch veränderliche Elemente[95]. Die daraus hervorgehende Lehre von den „allgemeinen Rechtswahrheiten" ist nicht zum Zentrum einer Schule geworden. Aber es gibt eine Reihe von Juristen, die das methodische Problem des Positivismus ähnlich angehen und zu ähnlichen Ergebnissen gelangen.

In der kaum merklichen Übergangsphase zwischen („hypothetisch") naturrechtlichem und positivem Rechtsverständnis wird das Muster entworfen — kennzeichnend für jene Verbindung von rationalem und positivem Geist, daß es in einer „Enzyklopädie" geschieht. *Reitemeier* lehrt[96]: „Da das positive Recht auf Gegenstände in der wirklichen Welt, auf individuelle Staaten, sich bezieht und aus diesem Grunde einen Theil der historischen Kenntnisse ausmacht, so muß man an ihm einen doppelten Theil, den abstracten und den individuellen, unterscheiden. Der erstere ist ein Stück der Philosophie und enthält die allgemeinen und zu allen Zeiten unveränderlichen Sätze; der zweyte gehört eigentlich zur Geschichte und ist ein Inbegriff der individuellen, nach Ort, Zeit und anderen Eigenschaften veränderlichen Sätze[97]."

Die gleiche Intention, neben historisch-pragmatischen „Zufälligkeiten" ein Reservat „juristischer Mathematik" zu postulieren, findet sich bei *Thibaut*[98], dessen Rechtslehre auf weiten Strecken der Position Reitemeiers entspricht[99].

Auch *Warnkönig*[100] fordert, „höchste Rechtssätze aufzufinden, welche unter einander selbst in einem nothwendig bestimmten Verhältnisse stehend die Grundlage der ganzen Rechtswissenschaft ... ausmachen. Daher die Möglichkeit mathematisch gewisse juristische Folgerungen zu ziehen, das ius singulare dem allgemeinen entgegenzusetzen, und, wie man gesagt hat, die Kunst mit juristischen Begriffen zu rechnen. Bei dieser Ausbildung des Rechts muß ... das positive Recht selbst ... die Sphäre seyn, innerhalb welcher die wissenschaftliche Tätigkeit der Juristen wirksam ist". Durch „Analyse" des „individuellen Characters"

---

[95] Vgl. 4. Kap. 3a). Insofern zieht *Schwarz*, Austin, 86 Fßn. 37, zu Recht eine Parallele zu den „veritates iuridicae" *Nettelbladts*.
[96] Seine Enzyklopädie will nicht nur ein Anfängerlehrbuch, sondern vor allem „ein genauer und vollkommener Abdruck der ganzen Wissenschaft" sein (*Reitemeier*, Enzyklopädie, XII). Didaktisch begründete Verzeichnungen sind daher nicht zu befürchten.
[97] *Reitemeier*, aaO, XVII.
[98] Vgl. 4. Kap. 2 c) Fßn. 95.
[99] *Kiefner*, Geschichte und Philosophie des Rechts bei A. F. J. Thibaut, 13 ff., 21, und *ders.*, SZRom 77 (1960) 320 ff.
[100] Vgl. *Wild*, Leopold August Warnkönig, 1794–1866, 49 f. („rationale" Ergründung der Rechtsidee) und bes. 66 ff. (68). Das Urteil *Wilds*, Warnkönig bleibe „hier ganz im Rahmen der historischen Schule" (aaO. 68), erscheint zu harmonisierend. Dem steht die im hier untersuchten Zusammenhang charakteristische Dichotomie in „consequentes" und „inconsequentes" Recht entgegen, dazu sogleich im Text.

des Rechts „müssen die höchsten Grundsätze aufgefunden und nach ihren natürlichen Verhältnissen ... unter Befolgung einer strengen Methode zusammengestellt werden"[101].

Das Bemühen Falcks um exakte Rechtsbegriffe begegnet auch hier: „Es sind die Rechtsbegriffe zwar historische Begriffe[102], allein ihrer practischen Bedeutung wegen erfordern sie eine mathematisch genaue Bestimmtheit." Das „juristische Kunstwort" hat „auf diese unzweideutige Weise die damit verbundene eigentümliche Rechtsidee streng genau" zu bezeichnen. Durch eine „genaue Combination" muß „das gegenseitige Verhältniß der Rechtsbegriffe und Grundsätze unter einander bestimmt werden"; alle „zweifelhaften Fragen ... müssen wo möglich mathematisch genau gelöst werden"[103].

Dies alles deshalb, weil die Rechtswissenschaft „Naturwissenschaft" werden muß[104]. Denn ihr „höheres Ziel" besteht darin, durch „Abstraction", „Deduction" oder „Analogie", „so wie durch ein strenges Analysieren der in der Natur eines Rechtsverhältnisses enthaltenen Momente ... neue Rechtssätze zu konstruieren"[105].

Bei der Verwirklichung dieses mathematisch-rationalen Ideals hat die Rechtswissenschaft aber „mit eigenen in ihr selbst liegenden Schwierigkeiten zu kämpfen. Die Rechtssätze sind nämlich nicht alle aus einem höchsten Princip fließende Regeln", sondern häufig „Vorschriften des Gemeinwohls, also der Nützlichkeit oder der Philanthropie". Es gibt neben dem „consequenten" auch „inconsequentes" Recht. So „hat die Rechtswissenschaft eine rationelle und eine geschichtliche Seite". Trotz der historisch bedingten „Divergenzen" in der Ausformung „nothwendiger Grundeinrichtungen" ist doch „ein fester Kern in allen zu finden". „Es giebt unabänderliche Socialverhältnisse, welche sich nicht zerstören lassen", so daß die Rechtsordnung „nur in wie weit sie etwas Concretes ist oder von socialen Zufälligkeiten modificirt wird, Abweichendes oder Anomales enthält"[106]. Alles „juristische Denken" ist ein „streng logisches", das „nach Feststellung des objektiv Wahren in gegebenen Verhältnissen strebt"[107]. Die „strenge" Methode führt wiederum zum Ausschluß teleologischer Erwägungen. Zum Beispiel ist zwar das staatswirtschaftliche Denken „auf das Aufsuchen des staatlich Zweckmäßigen" gerichtet, „das Juristische aber auf das Constatiren des in den socialen

---
[101] *Warnkönig*, Versuch, 39. Auch *Warnkönig* hält die römischen Juristen hierin für „die größten Muster die es je gegeben hat" (aaO).
[102] Insoweit anders als *Falck*, der nicht nur „historische", sondern vor allem auch „gegebene" Begriffe annimmt.
[103] *Warnkönig*, aaO, 67.
[104] *Warnkönig*, aaO, 68.
[105] *Warnkönig*, Enzyklopädie, 77.
[106] *Warnkönig*, aaO, 77 f.
[107] *Warnkönig*, aaO, 78.

Verhältnissen gegebenen Nothwendigkeiten"[108]. Dies bildet den Komplex eines „natürlichen Rechts"[109].

„Schon das Bedürfniß" treibt *Reyscher* dazu, „außer dem geschriebenen Rechte auch ungeschriebene Normen und unter diesen nicht etwa bloß erweisliche Gewohnheiten, sondern auch allgemeine Rechtswahrheiten zu statuiren[110]". Dieses darüber hinaus „mit innerer Nothwendigkeit"[111] vorhandene Recht steht „über dem äußeren, geschichtlichen Stoffe"[112]. Es ist gegründet auf „die Natur der Menschen und Dinge"[113], auf die „sogenannte Natur der Sache, d. h. die rechtliche Idee, welche der äußeren Beschaffenheit eines gegebenen Rechtsverhältnisses zu Grunde liegt, und woraus dieses, soweit nicht zufällige (!) Abweichungen Platz gegriffen haben, allenthalben zu beurtheilen ist". Sie ist „ihrem Wesen nach nichts anderes, als eine allgemeine Vernunftidee, angewandt auf die Natur positiver Verhältnisse"[114]. „Das Recht, d. h. der Inbegriff von erzwingbaren Grundsätzen, ... ist weder bloßes Natur- noch bloßes Kunstproduct, vielmehr wesentlich beides. Dasselbe ist nämlich theils unmittelbar durch die Natur der Menschen und Dinge von selbst gegeben, und daher mit diesen zugleich vorhanden (natürliches Recht), theils durch den Willen der Betheiligten geschaffen, und zwar letzteres wieder ... durch den ausdrücklichen und stillschweigenden Willen der Staatsgesellschaft (gesetzliches und herkömmliches Recht)...[115]."

Später verliert sich die Spur. Immerhin zeigt sich noch im Bemühen *Trendelenburgs*, den Widerspruch zwischen philosophischem und historischem Recht aufzuheben, die zugrunde liegende dualistische (aristotelische) Auffassung vom Recht und der Wissenschaft hiervon. Das Naturrecht hat die Aufgabe, den unveränderlichen Elementen im Recht nachzuforschen[116]. „Positive Rechtswissenschaft und Naturrecht (stellen) zwei wesentliche Richtungen des forschenden Geistes dar[117]."

Die für Falck typische Trennung des Rechts in einen „rationellen" und einen „historischen" Teil deutet darauf hin, daß er nicht mit der

---
[108] *Warnkönig*, aaO, 78 f.
[109] *Warnkönig*, aaO, 57. So ist es kein Zufall, daß gerade *Warnkönig* die Enzyklopädie *Falcks* wegen ihrer „geglückten Abgränzung des Rationellen und des Historischen" als die hervorragendste bezeichnet (aaO, 355).
[110] *Reyscher*, ZdtR 1 (1839) 26.
[111] *Reyscher*, aaO, 36.
[112] *Reyscher*, aaO, 34.
[113] *Reyscher*, aaO, 35.
[114] AaO, 40. *Gierke*, Die historische Rechtsschule und die Germanisten, 46 Anm. 39, spricht von „nicht besonders klaren Ausführungen" Reyschers.
[115] *Reyscher*, aaO, 37.
[116] *Trendelenburg*, Das Naturrecht auf dem Grunde der Ethik, 192. Vgl. *Weiss*, Friedrich Adolf Trendelenburg und das Naturrecht im 19. Jahrhundert, 33 ff., 42; und *J. Ritter*, „Naturrecht" bei Aristoteles, 10 Fßn. 28.
[117] *Trendelenburg*, aaO, 1.

4. Kap.: „Natürliches Recht" und „allgemeine Rechtslehre"

methodischen Position der historischen Rechtsschule Savignyischer Prägung zu identifizieren ist. Sie läßt die Bedeutung anklingen, die er der Geschichte beimißt, liefert die Kriterien für die Fragen nach Wirklichkeitsbezug und Richtigkeit des Rechts, und erlaubt es schließlich, ihn anhand solcher Einzeluntersuchungen in die Entwicklung einzuordnen, die von der Aufklärung zur Begriffsjurisprudenz des 19. Jahrhunderts führt. Indessen ist die Basis hierfür noch zu schmal: mit dem „natürlichen Recht", dem „rationellen" Teil des Rechts, wurde erst eine der drei von Falck genannten Rechtsquellen behandelt.

Fünftes Kapitel

Der „historische" Teil des Rechts

1. Gewohnheitsrecht und Gesetz

Quelle des Gewohnheitsrechts ist „das mit unbewußter Freiheit sich entwickelnde Leben eines Volks"[1]. Es hat den Anschein, als befände sich Falck hier in vollster Übereinstimmung mit Savigny.

Es ist „der in allen Einzelnen gemeinschaftlich lebende und wirkende Volksgeist, der das positive Recht erzeugt, das also für das Bewußtseyn jedes Einzelnen, nicht zufällig sondern nothwendig, ein und dasselbe Recht ist"[2]. „Die Gestalt aber, in welcher das Recht in dem gemeinsamen Bewußtseyn des Volkes lebt, ist nicht die der abstracten Regel, sondern die lebendige Anschauung der Rechtsinstitute in ihrem organischen Zusammenhang...[3]."

Gewohnheitsrecht entsteht nicht etwa aus dem wahlfrei gedachten Rechtsempfinden einer konkreten politischen Gemeinschaft. Zwar ist die Rechtserzeugung eine Tat, doch das „thätige... Subject"[4], das Volk, vermag kraft der Bindung an den überpersönlichen, objektiven Volksgeist nicht willkürlich zu handeln. „Zufall" und „menschliche Willkühr" sind ausgeschlossen[5]. Gewohnheitsrecht ist intentional „richtiges", gerechtes Recht[6].

---

[1] E § 7 (13).
[2] *Savigny*, System I, 14.
[3] *Savigny*, aaO, 16.
[4] *Savigny*, aaO, 18.
[5] *Savigny*, aaO, 15.
[6] Vgl. auch die Zitate aus *Savignys* Institutionen-Vorlesungen bei *Thieme*, Savigny und das Deutsche Recht, SZGerm 80 (1963) 20 FBn. 54; ferner *Rothacker*, Savigny, Grimm und Ranke. Ein Beitrag zur Frage nach dem Zusammenhang der historischen Schule, HZ 128 (1923) 419, der den „prinzipiellen Gehalt" der Volksgeistlehre darin sieht, daß Savigny „hier eine Lehre vom Zusammenhang des richtigen Rechts mit dem Volksgeist aufgestellt" habe; *Ross*, Theorie der Rechtsquellen, 139, 141; *Schuler*, Jacob Grimm u. Savigny. Studien über Gemeinsamkeit und Abstand, SZGerm 80 (1963) 275 f.; *v. Gierke*, Naturrecht und Deutsches Recht, 9: Die historische Schule erfaßte das positive Recht „als mindestens seinem Begriff nach... adäquaten Ausdruck der Rechtsidee"; *Bockelmann*, Einführung in das Recht, 113: „Der geschichtlich denkende Mensch ist immer geneigt, aus der Tatsache, d a ß eine geschichtliche Entwicklung stattgefunden hat, auf ihre Notwendigkeit zu schließen und deshalb das geschichtlich Gewordene, einfach weil es ein Gewordenes ist, auch als ein Wertvolles anzusehen."

Es kommt hinzu, daß dem Begriff des Volkes ein entwicklungsgeschichtliches Moment wesentlich ist. Volk ist die Einheit „einander ablösender Geschlechter", und sein Geist wird als nur „individuelle" Ausprägung des „allgemeine(n) Menschengeist(es)" transzendiert[7]. Schließlich erhebt Savigny die Juristen zu „Repräsentanten"[8] des Volksgeistes, zu dessen „Organ"[9].

Dieser Devolutiveffekt, dazu die Einbindung des Rechts in die Geschichte und in ein kollektiv-determiniertes Bewußtsein verwehren dem Volk der Stunde den Zugriff auf sein Recht. Es ist dies einer der Punkte, an denen der germanistische Widerstand angesetzt hat. Reyscher fordert, sich von fatalistischem Anpassungszwang zu lösen und den Blick auf die Bedürfnisse der Gegenwart zu richten: „Wie die vergangene Generation, so ist daher auch die gegenwärtige befugt, ihre Verhältnisse mit Freiheit zu bestimmen, und es dürfte diese Selbstbestimmung jedenfalls vorzuziehen seyn einem blinden Hingeben an den Zug des Schicksals[10]."

Manches hiervon scheint bei Falck vorgezeichnet; der eingangs erwähnte, Savignys Ansicht vermeintlich konforme Satz steht ganz vereinzelt da. „Beide" — so charakterisiert er Gesetz und Gewohnheitsrecht — „haben das miteinander gemein, daß sie in einer Willenserklärung ihren Grund haben, also auf Acten der Willkühr beruhen, historische Erscheinungen sind[11]." Das wollte Savigny gerade vermieden wissen, daß „durch ... Willkühr das Recht hervorgebracht würde"[12]. Während bei Savigny die historische Kontinuität des gemeinsamen Volksgeistes die „innere Nothwendigkeit"[13] einer Regel verbürgt, assoziiert Falck mit dem Begriff des Historischen gerade das zufällig Wechselnde[14]. Recht, das notwendig so ist, findet sich nach ihm vielmehr in jenem Bereich unveränderlicher, rechtlich fixierter Fundamentalbeziehungen, der gerade „frey ... von geschichtlichen Einwirkungen" ist[15]. Dort herrschen „gegebene Begriffe", „während in anderen Theilen des Rechts, wo die Rechtsverhältnisse erst durch besondere Anordnungen in Gemäßheit ethischer oder politischer Beziehungen entstehen oder wenigstens erst völlig bestimmt werden, g e m a c h t e B e g r i f f e die

---
[7] *Savigny*, System I, 20.
[8] *Savigny*, aaO, 46.
[9] *Savigny*, aaO, 50.
[10] *Reyscher*, Über das Daseyn und die Natur des deutschen Rechts, ZdtR 1 (1839) 34.
[11] Betrachtungen, 8.
[12] *Savigny*, System I, 14. Zu „natürlich" (i. S. von gerecht) und „willkürlich" (vom menschlichen Willen abhängig) vgl. auch *Kelsen*, Die Idee des Naturrechts, 75 f.
[13] *Savigny*, aaO, 17.
[14] Betrachtungen, 16.
[15] Betrachtungen, aaO.

herrschenden sind, das heißt, solche die allein durch das Gesetz oder die Sitte ihre Bestimmtheit erhalten"[16].

Allerdings besteht eine Vermutung für die Sachgerechtigkeit des Gewohnheitsrechts, weil es „den bestehenden Verhältnissen und Bedürfnissen des Volkes angemessen" sein wird[17]. Falck entnimmt nicht geschichtlicher Reflexion die Überzeugung, daß mit dem Wandel der Verhältnisse auch das Recht sich ändern werde[18] — eine Parallelität, die sich für Savigny aus der gemeinsamen finalen Verknüpfung im Volksgeist zwanglos ergibt[19] —, sondern stellt unmittelbar auf die „bestehenden" Verhältnisse und die (wie man ergänzen darf, jeweiligen) Bedürfnisse des Volkes ab.

So scheint Falck die Ansicht Savignys auch nicht von ungefähr modifiziert wiederzugeben: „... Alles Recht ... bilde (sich) wie Sitte und Sprache durch stillschweigende Uebereinkunft und Convenienz[20]." Es ist gerade jener Gedanke an Vertrag und „willkührliche" Vereinbarung, von dem Savigny sich distanziert.

Das volitive Moment bezieht sich freilich nicht allein auf die inhaltliche Gestaltung des Gewohnheitsrechts. Falck spricht mit der Rede von der „Willenserklärung" vor allem auch den Geltungsgrund des Gewohnheitsrechts an. Er wendet sich entschieden gegen die Auffassung — der aber z. B. Austin folgt[21] —, wonach „das Gewohnheitsrecht ... mittelbar durch den Willen der gesetzgebenden Macht begründet werden, und seinen rechtlichen Character durch stillschweigende Einwilligung des Gesetzgebers erhalten" solle. Vielmehr werde die „Gewohnheit als solche, und durch den in der Handlungsweise ausgedrückten gemeinsamen Willen ein Gesetz" (mit der überkonstruiert wirkenden Begründung, daß andernfalls wegen des für Gesetze geltenden Bekanntmachungserfordernisse die Gewohnheit selbst bekannt gemacht werden müßte). Er räumt allerdings ein, daß „eine einmal entstandene Gewohnheit durch den Willen der gesetzgebenden Gewalt fortbestehe, indem diese die Gewohnheit, wie jedes andere Gesetz (!), aufheben oder abändern könne"[22].

Damit rückt er Gesetz und Gewohnheitsrecht in mehr als einer Beziehung nahe zusammen. Zunächst vollzieht sich der Erkenntnisprozeß auf die gleiche Weise. Gewohnheiten und Gesetze können „auf keine

---

[16] Betrachtungen, 13.
[17] E § 9 (18).
[18] *Savigny*, System I, 17.
[19] *Böckenförde*, Historische Rechtsschule, 15.
[20] Betrachtungen, 10.
[21] *Austin*, Lectures, 103 ff.
[22] E § 9 (17). Vgl. die Bedeutung dieser Argumentation unter dem Aspekt der Einheit und Kontinuität der Rechtsordnung bei *Engisch*, Die Einheit der Rechtsordnung, 24 FBn. 5.

andere Weise, als durch Zeugnisse erkannt werden"[23]. Savigny dagegen nennt dies, was das Gewohnheitsrecht betrifft, eine „mittelbare oder künstliche" Erkenntnis[24]. Der Rechtsgenosse nämlich, der im „Kreise jenes gemeinsamen Rechtsbewußtseyns" steht, für den das Gewohnheitsrecht also nichts weniger als „notorisch" ist, bedarf nur „unmittelbarer" „Anschauung"[25]. Das kommt spekulativem Begreifen nahe[26].

Falck bemüht sich ferner kaum, in materialer Hinsicht zwischen Gewohnheitsrecht und Gesetz scharf zu unterscheiden. „Denn in der eigentlichen Bedeutung, welche auch der Etymologie am nächsten kommt, bezeichnet das Wort Gesetz ... diejenigen Vorschriften, welche in einer willkührlichen Bestimmung ihren Grund haben[27]." Das trifft, wie gezeigt, auch auf das Gewohnheitsrecht zu[28]. Im historischen Teil des Rechts insgesamt wirken „teleologische"[29] Momente rechtsbildend, herrscht Inhaltsbestimmung nach den Kriterien der Sitte und der Zweckmäßigkeit. Falcks Hauptanliegen, einen Bereich bleibender und ewiger Rechtsregeln zu konstituieren und ihn vom Wechselnden zu scheiden, die Differenz also zwischen „Wahrheit" und „Willkühr", läßt es ihm als minder bedeutsam erscheinen, zwischen Gesetz und Gewohnheitsrecht in dieser Beziehung zu differenzieren. Die Hauptsache ist, beide vom Gebiet der „Rechtswahrheiten" abzusetzen.

Falck macht jene Verschiedenheit und Geschiedenheit der Rechtsmaterien im Sinne einer Funktionsteilung nutzbar und ordnet dem Gesetzgeber das „Willkührliche", Dezisionistische, Voluntative im Rechte zu. Ihm obliegt alle zwecktätige Rechtssetzung. Es ist nur konsequent, daß er nicht versucht, ihn durch immanente Kriterien einer „Wahrheit" zu determinieren. Die „Gesetzgebungswissenschaft" zählt nur zu den „Hülfskenntnissen" der Rechtswissenschaft, denn sie ist — wie die Definitionen der „Politik" und der „Philosophie des positiven Rechts" ergeben — politischer Natur[30]. Eine gute Gesetzgebung hat sich in den ihr gezogenen Grenzen am gemeinen Wohl zu orientieren und dafür zu sorgen, daß „das gesellige Leben so sicher, so würdig und so angenehm werde, als ... möglich ist"[31]. Die inhaltliche Verknüpfung der Gesetz-

---

[23] E § 8 (15).
[24] *Savigny*, System I, 182.
[25] *Savigny*, aaO, 38, 182.
[26] Vgl. *Gagnér*, Ideengeschichte, 48.
[27] E § 5 (10).
[28] Betrachtungen, 8.
[29] Historisch-juristische Analecten, 181.
[30] E § 165 (346 ff.). In diesem Sinne bemerkenswert ist eine Äußerung *Falcks* in einem Brief an *Mittermaier* vom 19. 4. 1838 (Heidelberg, Hs. 2746), in dem von *Schirach* die Rede ist: „Ihn interessiert alles Legislative im hohen Grad, mich eigentlich gar nicht..."
[31] E § 4 (9), zur aristotelisch-wolffschen Tradition vgl. *Gagnér*, Ideengeschichte, 64 m. N.; zum Zusammenhang zwischen „Politik", Gesetzgebungslehre und Gemeinwohl *Dilcher*, JZ 1969, 2 FBn. 10.

gebungskompetenz mit dem Staatszweck erinnert an die vernunftrechtliche Methode inhaltlicher Bestimmung der Regierungsrechte[32].

Savigny hingegen geht von einem „harmonischen" Zusammenwirken der „rechtsbildenden Kräfte" aus[33]. Der Gesetzgeber ist als „Organ" theoretisch für das gesamte Rechtsgebiet zuständig, erst gleichsam nachträglich wird er einschränkend auf die Aufgaben der „ergänzenden Nachhülfe" und „Unterstützung" der Rechtsbildung verwiesen[34]. Aber politische Restriktion ist nicht der einzige Sinn dieser Argumentation. Die Verwendung von Beziehungsbegriffen zeigt — und das ist der auch gerechtigkeitsideologische Sinn der organologischen Konstruktion —, daß die Legislative als auf einen vorausgesetzten Regelungsplan inhaltlich verpflichtet konzipiert wird. Dieser Plan ist ein als richtig gedachtes Recht, das Volksrecht. So kann der Gesetzgeber idealiter nicht anders, als er soll[35].

Demnach hat Falck, was Struktur und Funktion der Rechtsquellen betrifft, mit Savigny kaum etwas gemein. Damit sind allerdings deren Dimensionen, die Grenzen ihrer Wirksamkeit, noch nicht abschließend ermittelt. Nur so viel steht fest: wenn Falck dieses Abgrenzungsproblem auf rechtstheoretischer Ebene angeht, dann werden einem etwa gleichen Ergebnis ganz andere Prämissen zugrunde liegen.

2. Die Kodifikationsfrage

Hierzu hat Falck in den „Kieler Blättern"[1] 1819 „Allgemeine Betrachtungen über Gesetzgebung und Rechtswissenschaft" veröffentlicht[2]. Die Abhandlung gefällt durch Gedankenführung und Stil. Ein wenig enttäuscht schreibt er an Rosenvinge[3]: „Ich hatte eigentlich zwar gewünscht,

---

[32] *Böckenförde*, Gesetz, 57 (zu *Pütter*) und *Rathjen*, Die Publizisten des achtzehnten Jahrhunderts und ihre Auffassung vom Begriff des Staatsrechts, 87 ff., 96 f., 117.
[33] *Savigny*, System I, 51.
[34] *Savigny*, aaO, 40.
[35] Ähnlich *Strauch*, Recht, Gesetz und Staat bei Friedrich Carl v. Savigny, 149.
[1] Zu Charakter und Geschichte dieser Zeitschrift vgl. *Müller-Dietz*, Welcker, 18, mit vielen Nachweisen. Nur am Rande ist zu berichtigen, daß die Kieler Blätter insgesamt 7 (und nicht 6) Bände umfassen (für das Jahr 1819 sind 2 Bände, 6 und 7, erschienen).
[2] Zum folgenden vgl. auch die Würdigung *Wohlhaupters*, HistJb 59 (1939) 388 ff.
[3] Brief vom 1. 7. 1820 (Kopenhagen, Nks. 3101, 4°). Verglichen mit den damaligen Zentren des deutschen Geistes war Kiel eher wissenschaftliche Provinz. Auch das vergleichsweise viel intensivere Interesse am nordischen Rechtskreis rückt Kiel ein wenig in die Randzone der deutschen Rechtswissenschaft. So schreibt *Falck* am 17. 2. 1823 an *Jacob Grimm* (Berlin, Nachlaß Grimm 988): „Aus unserer Gegend wird es sonst kaum etwas Litterarisches geben, an dem Sie Antheil nehmen."

daß irgendein Rezensent sich des Aufsatzes in einem früheren Hefte der Kieler Blätter, über Rechtswissenschaft und Gesetzgebung erbarmt hätte. So gut ist es demselben aber nicht ergangen."

Falck erkennt, daß es sich hier entgegen dem Eindruck, den die Streitschriften erweckten, nicht nur und nicht in erster Linie um eine Frage der Gesetzgebungspolitik handelt[4]. Das Problem liege tiefer: da sich eine Gesetzgebung „nach der Natur des Rechts richten müsse", sei die Hauptfrage doch, ob es ein „von der Gesetzgebung unabhängiges Recht" gebe, und von welcher Art dies sei[5]. Er entwickelt nun seine bereits dargestellte Lehre von den „allgemeinen Rechtswahrheiten". Wenn es also Recht gibt, das durch die Natur der menschlichen Verhältnisse allein bedingt ist, und andererseits Recht, das in Verfolgung „besonderer" Zwecke durch einen „positiven Willen" geschaffen wird, dann ist die praktische Folge, „daß nur das Willkührliche im Recht dem Gesetzbuch und den Statuten, das Nothwendige aber und das allgemein Erkennbare allein der Wissenschaft zuzutheilen, und der Gesetzgebung nur insofern ein Einfluß auf diesen Theil einzuräumen sey, als besondere Umstände z. B. politische Zwecke und offenbare Irrthümer[6], eine solche Einwirkung erfordern ... Vor allen Dingen sollten die Rechtsgelehrten bemüht seyn, den rechtswissenschaftlichen Theil des Rechts von dem Einflusse der Gesetze frei zu erhalten, und für eine freie, rationelle Entwickelung Raum zu gewinnen"[7].

Falck gesteht zu, „gegenwärtig die Grenzen und den Umfang dieses Gebiets nicht genau bezeichnen" zu können[8] — dazu fehle es noch an einschlägigen Forschungen[9] —, und räumt zudem ein, daß die Grenze zwischen dem „Rationellen" und dem „Geschichtlichen" nicht leicht zu ziehen sei (so gäbe es Verträge, die erst durch „die Sitte vollständig normirt" würden)[10]. Der Umfang der „allgemeinen Rechtswahrheiten" sei aber größer, als man zunächst vermuten möchte, denn im Grunde wirke wenig spezifisch „nationelles" auf das Recht ein[11].

Im verbleibenden „historischen" Teil des Rechts sollte das Gewohnheitsrecht überwiegen. Da es ohnehin als sachangepaßtes Recht zu gelten habe[12], seien korrigierende Eingriffe des Gesetzgebers kaum denkbar und selten nötig. Der gesetzgeberische Akt nimmt unter allen Rechts-

---

[4] Betrachtungen, 5. Das hebt *Wolf*, Große Rechtsdenker der deutschen Geistesgeschichte, 504, anerkennend hervor.
[5] Betrachtungen, 55.
[6] Insofern wie *Savigny*, System I, 8 ff.
[7] Betrachtungen, 16.
[8] Betrachtungen, 17.
[9] Betrachtungen, 75.
[10] E § 56 (98), Betrachtungen, 13, 14.
[11] Betrachtungen, 56, und Allg. juristische Betr., 79.
[12] E § 9 (18).

quellen den kleinsten Raum ein. Dieser quantitativ geringen Bedeutung und dem singulären Anlaß, dem Maßnahmecharakter der Gesetzgebung, entspricht eine subjektive Auslegungstheorie[13]. Die politische Funktion der objektiven Auslegungstheorie, politische Gegensätze und Pluralismen im Kompromiß zu objektivieren, ist hier von vornherein ebenso gegenstandslos wie ihr damit verbundener Sinn, der Rechtswissenschaft Spielraum und Autorität zu verschaffen[14]. Falck leistet beides bereits in der Rechtsquellenlehre mit der wissenschaftlich-objektiven Figur des natürlichen Rechts.

Mit dieser Bestimmung des wünschenswerten Umfangs der Rechtsquellen steht Falck im Streit zwischen Savigny und Thibaut im Ergebnis auf Seiten Savignys. Er berücksichtigt nun in seinen „Betrachtungen" „unsere dermalige Verfassung". Denn ungeachtet jener allgemeinen Grenze der Gesetzgebung „wäre es möglich, daß der gegenwärtige Zustand es rathsam mache, ein Mehreres zu thun"[15].

„Für's erste ist es merkwürdig, daß der Wunsch nach Gleichförmigkeit des Rechts und nach Abfassung allgemeiner Gesetzbücher immer von den Gelehrten ausgegangen ist, nicht von dem Volke", das stets mit der gesetzgeberischen Abstellung einzelner Mißbräuche zufrieden gewesen sei[16]. Ferner gelte: „Die Ordnung in jeder Gesellschaft wird am besten erhalten, je geringer die Anzahl Vorschriften ist[17]." Nur da brauche der Gesetzgeber klärend einzugreifen, „wo die Einsicht der Unterthanen mit dem Willen der höchsten Gewalt nicht schon von selbst zusammenfällt. Eine Divergenz kann aber allein bei solchen Vorschriften vorausgesetzt werden, die willkührliche Staatszwecke betreffen und aus politischen Gründen entspringen... Wenn aber der Staat einmal dem Verstande der Bürger in einem gewissen Grade vertrauen will, so ist gar kein Grund vorhanden, dies nicht überall zu thun, wo der Gesetzgeber selbst keine andere Quelle für seine Vorschriften hat, als Einsicht in das Recht, und wo folglich auch der Verstand anderer hin-

---

[13] Betrachtungen, 19 ff. (bes. 22 f.). Danach ist der „ausgesprochene Wille der Staatsgewalt", der „wirkliche Wille des Gesetzgebers" zu ermitteln, ausgehend von der „Thatsache" der „Willenserklärung des Gesetzgebers". Die Bedenken, die *Larenz* (Methodenlehre der Rechtswissenschaft, 14 f. Fßn. 1) dagegen vorbringt, daß *Savignys* Auslegungslehre „subjektiv" genannt wird, scheinen auf die entsprechende Interpretation *Falcks* nicht übertragbar zu sein, denn hier, bei *Falck*, geht es tatsächlich in erster Linie um die „Ermittlung eines empirischen Faktums" (*Larenz*, aaO).
[14] Vgl. hierzu C. *Schmitt*, die Lage der europäischen Rechtswissenschaft, 14 ff.
[15] Betrachtungen, 35.
[16] Betrachtungen, 36.
[17] Betrachtungen, 43; vgl. die Sentenz des *Tacitus* „Corruptissima republica plurimae leges" und ihren Gang durch die Geschichte bei *Gagnér*, Ideengeschichte, 27.

reichen muß, um die Nothwendigkeit eben derselben Regel zu erkennen[18]."

Man ist geneigt anzunehmen, daß diesem naiv-aufklärerischen Theorem niveaugleicher Einsicht neben der Restriktion des Gesetzgebers überdies — in „unausgesprochener Wertschätzung"[19] — die Funktion zukommt, zwischen einem Rechtswert des 18. Jahrhunderts, dem der „Volkstümlichkeit", und dem neuen der „Wissenschaftlichkeit" zu vermitteln[20]. Es scheint ferner einen ähnlichen Stellenwert wie der Savignysche Bildungsbegriff[21] des Volksgeistes einzunehmen. Ist es hier das (bereits antik-naturrechtliche[22]) Postulat der gleichen Teilhabe aller an einem allen gleichen Erkenntnisvermögen — das sich übrigens deckt mit der Vorstellung eines allen gleichermaßen zukommenden äußeren Freiheitsraumes —, so ist es dort das vom Volksgeist vermittelte gleiche Rechtsbewußtsein. Das gesellschaftliche Sein, d. h. die Normen, so wie sie tatsächlich geübt werden, wird mit der Realität des (bei Savigny: kulturell tradierten) gesellschaftlichen Bewußtseins vom Recht identifiziert. Beide treten nicht als gesonderte Größen in Erscheinung. So kann weder der Jurist sich an einem Recht orientieren, das dem gesellschaftlichen Bewußtsein widerspricht, noch der Rechtsgenosse ein anderes als das faktisch gelebte Recht für Recht halten. Die Eliminierung der Möglichkeit solch einer „ideologischen Differenz"[23] bestätigt die Tendenz, schon theoretisch Recht als „richtiges" Recht zu etablieren[24].

In diese Richtung zielt auch die weitere Argumentation Falcks. Denn, so sagt er, es versteht sich, „daß Gewißheit nicht die erste und wichtig-

---

[18] *Betrachtungen*, 43. Ebenso bestimmt *Falck* „die natürliche Grenze positiver Normen in geselligen Verbindungen" in einem Aufsatz Über die Grundbedingungen eines festen kirchlichen Vereins, Kieler Blätter 1 (1815) 89 ff. (90): „Alles worüber eine allgemeine Einsicht und Erkenntniß entweder unmöglich ist, oder nicht erwartet werden kann", sei „positiven Normen" zu unterwerfen.
[19] *Betti*, Das Problem der Kontinuität im Lichte der rechtshistorischen Auslegung, 27.
[20] Zu diesen Wertvorstellungen *Thieme*, SZGerm 56 (1936) 207. Um Erkennbarkeit des Rechts für jedermann geht es auch *Thibaut*, wenn er sich gegen die Geschichte als „Rechtsquelle" ausspricht (Theorie der logischen Auslegung des römischen Rechts, 30 f.). Seine Bedenken sind allerdings gesetzgebungsideologisch begründet: „Die Gesetze können allen bekannt seyn" (aaO, 30).
[21] *Wieacker*, Privatrechtsgeschichte, 393.
[22] *Welzel*, Naturrecht und materiale Gerechtigkeit, 11, 38.
[23] *Maihofer*, Rechtssoziologie und Ideologiekritik, XIV.
[24] Zu diesem Aspekt beider Rechtsanschauungen vgl. 5. Kap. 1) 3. Absatz (für *Savigny*) und S. 61 (für *Falck*). Vermöge immanenter Richtigkeitskriterien bedarf die Rechtslehre der historischen Schule keiner „richtenden Idee der Gerechtigkeit" (*Stammler*, Rechts- und Staatstheorien der Neuzeit, 52), die Prinzip einer extra-dogmatischen, kritischen Disziplin — der Rechtsphilosophie — wäre. Darüber hinaus zeigt sich nun, daß das „Walten des Volksgeistes" nicht nur nicht abfällig beurteilt werden „darf" (*Stammler*, aaO), vielmehr kann es im Grunde gar nicht beurteilt werden.

ste Eigenschaft des Rechts sein kann"[25]. Gegen die Montesquieusche Ansicht von der signifikanten Ordnungsfunktion des Rechts wendet er ein: „Die Gesetze sollen vor allen Dingen das Gepräge der Gerechtigkeit tragen[26]." Daher überläßt man das allgemein erkennbare Recht am besten der Wissenschaft. „Das Gute hat wenigstens die Maxime, daß dann immer als Recht ausgesprochen wird, was das Zeitalter nach dem Maaße seiner Erforschung des Rechts dafür erkennt[27]."

In Falcks ausbalancierter, stabilisierter Rechtsquellenlehre spiegelt sich abermals recht bezeichnend das für seine Zeit des Übergangs zwischen altständischem und modernem Staatsdenken typische, ungeklärte Verständnis von Staat und Gesellschaft[28]. Den „allgemeinen Rechtswahrheiten" und dem Gewohnheitsrecht eignet bewahrende Tendenz; die geringfügige reformierende Qualität, die Maßnahmenkompetenz, liegt beim Gesetzgeber. Die Zuordnung der Rechts-„Setzungs"-macht ergibt, im Zusammenhang der quantitativen Verteilung von natürlichem Recht, Gewohnheitsrecht und Gesetz betrachtet, eine Präponderanz des „gesellschaftlichen" Moments gegenüber dem „staatlichen" Bereich[29]. So ist weder eine Revolution von oben denkbar, noch ist die Gemeinschaft legitimiert, sich unter Berufung auf die Vernunft gegen den Staat zu erheben[30]. Dem entspricht die bereits erwähnte Unsicherheit in der Bestimmung dessen, was Staat und Gesellschaft konstituiert, verbindet oder trennt[31]. Immerhin ist die der Sonderung von Staat und und Gesellschaft korrespondierende juristische Dichotomie privat-öffentlich begrifflich durchgeführt; die Vorstellung von der bürgerlichen Freiheit unter einheitlicher Staatsgewalt begründet die Unterscheidung dieser Regelungsbereiche[32]. Andererseits trägt zum Beispiel die Bestimmung des Begriffes „Stand"[33] rechtlich egalisierende und vorsichtig traditionelle Züge zugleich. Auch mit dem Privatfürsten- und Lehensrecht weiß Falck nichts Rechtes mehr anzufangen. Deren Eigenständigkeit liegt „nicht im Geiste des wissenschaftlichen Systems", ist „nur durch zufällige äußere Umstände veranlaßt" — gleichwohl will er „das Herkömmliche nicht ganz verlassen"[34].

Dies letztere macht sich auch geltend, wenn er nun konkret auf die Kontroverse zwischen Thibaut und Savigny eingeht. Drei Vorteile habe

---

[25] Betrachtungen, 45 f.
[26] Betrachtungen, 46.
[27] Betrachtungen, 46 f.
[28] *Conze*, Das Spannungsfeld von Staat und Gesellschaft im Vormärz, 218 ff.
[29] Zur zeitgenössischen Situation *Scheyhing*, Deutsche Verfassungsgeschichte der Neuzeit, 151.
[30] *Conze*, aaO, 215.
[31] Vgl. 1. Kap. 2).
[32] E § 26 (45).
[33] Vgl. S. 50.
[34] E § 30 (52 f.).

sich Thibaut von einer Kodifikation versprochen: „Größere politische Einheit im Volke" — erhöhte Rechtssicherheit und erleichterter Rechtsverkehr — Studienvereinfachung[35]. Da aber die Geschichte beweise, „daß eine Verschiedenheit des Rechts im Volke der Nationalität keinen Eintrag thue"[36], sei das erste nicht überzeugend. Falck lehnt es ab, das Recht zum Faktor politischer Integration zu denaturieren. Zum dritten meint Falck recht sarkastisch, daß die Bequemlichkeit der Juristen kein Grund für ein Volk sein könne, sein Recht zu ändern. Und schließlich seien für die Behauptung, daß „wirklich der gegenwärtige Rechtszustand ein so unbequemer und drückender für das Volk ist, daß er eine durchgehende Reform erheischt"[37], keine „factischen Beweise" ersichtlich. „In unserem Lande müßten, wenn etwas Wahres an der Sache wäre, die Klagen endlos seyn, weil der Particularrechte so viele sind...[38]."

Wollte man aber dennoch „das Bedürfniß einer allgemeinen Gesetzgebung anerkennen", so gelte es, zuvor den „Beruf" des Zeitalters hierzu zu erweisen. Falck faßt sich kurz: „Es ist aber überflüssig, nach der überzeugenden Ausführung Savignys, daß, wenn ein gutes Gesetzbuch gemacht werden kann, das Bedürfniß der Legislation nicht da ist, im Fall aber ein solches Bedürfniß gefühlt werde, die Fähigkeit zur glücklichen Ausführung mangele, über diesen Punct noch etwas Ausführliches zu sagen[39]."

Es ist aber — das sei noch einmal betont — nur dieses Ergebnis, das Falck mit Savigny verbindet. Er gewinnt es aufgrund einer nahezu kontroversen Ansicht von der „Natur" und Struktur des Rechts. Andererseits hat er, der als Lehrer Beselers bezeichnet wird[40], mit seiner Rechtslehre den späteren germanistischen Positionen nationalhistorischer Prägung (vor allem auch der Beselers) in allenfalls geringem Maße vorgearbeitet. Die Differenzen sind bemerkenswert.

---

[35] Betrachtungen, 48.
[36] Betrachtungen, aaO.
[37] Betrachtungen, 49.
[38] Betrachtungen, 50. „Vielleicht giebt es kein Land in Europa was demjenigen Rechtszustand, den wir für den besten halten, näher steht, als das Herzogthum Schleswig. Das Gesetz und die Verordnungen haben nicht viel mehr, als das durchaus Nothwendige fixirt, und die Erkenntniß aller übrigen Rechtsnormen dem Verstand der Richter und der Wissenschaft überlassen" (Betrachtungen, 60). Das ist gegen *Thibaut* gerichtet, der die unerträgliche Rechtszersplitterung beklagt: „Beinahe jeder einzelne Fleck eines Landes steht unter eigenen ... Rechten" (Enzyklopädie § 104, S. 160), und in einer Fußnote (aaO) anmerkt: „Die Herzogthümer Schleswig und Holstein können einen auffallenden Beweis des im § 104 behaupteten geben."
[39] Betrachtungen, 54 f.
[40] *Wieacker*, Privatrechtsgeschichte, 408. *Beseler* selbst erweist *Falck*, bei dem er Vorlesungen gehört hat, in seinen Lebenserinnerungen nur kurze Reverenz. Er nennt ihn (passim) einen „Mann von Geist und Gelehrsamkeit und zugleich von großer persönlicher Liebenswürdigkeit" (Erlebtes und Erstrebtes, 6).

Sechstes Kapitel

Germanistische Prinzipien

1. Beselers Volks- und Juristenrecht

Beselers Bemerkung, daß „die Methode des Juristenrechts... den Character einer freien, wissenschaftlichen Untersuchung an sich" trägt[1], scheint im Ansatz der These Falcks vergleichbar, daß die allgemeinen Rechtswahrheiten durch „freie Geistesthätigkeit... zum Bewußtseyn kommen"[2]. Sieht man aber näher zu, so laufen die Untersuchungen in ganz verschiedenen Bahnen. Beseler verlegt die Quelle des Juristenrechts in die „thatsächlich begründete Macht des Juristenstandes"[3]. Daher kann „die Erkenntniß desselben nur dadurch erlangt werden, daß man es eben als in dieser Überzeugung existirend nachweist"[4]. So „muß... die Jurisprudenz in ihrer Bewegung und allmähligen Entwicklung aufgefaßt werden, so daß eine Untersuchung, welche das heutige Juristenrecht zu ihren Gegenstande hat, die Institute in ihrer ersten Erscheinung erfaßt, und sie dann in ihrer weiteren Umbildung und Veränderung bis zur Gegenwart verfolgt"[5]. Dogmengeschichte aber ist der Gefahr der Perversion ausgesetzt, wie stets, wenn „ein abgeschlossenes, gelehrtes Wesen"[6] getrieben und Recht aus Recht erklärt wird. Und so meint Beseler, daß „unsere deutschen Juristen... außer Zusammenhang mit dem ursprünglichen deutschen Rechtsleben gekommen (sind)"; überall herrsche „todte Gelehrsamkeit und dem Leben entfremdete Theorie"[7].

Daher darf „ein freies Volk... schon aus politischer Klugheit und im Interesse der Freiheit die Herrschaft über das Recht nicht ganz aus seinen Händen geben"; und geht es denn nicht ohne einen „eigenen Juristenstand", „so wird es doch darnach streben, ihn in seiner Thätigkeit durch feste Institutionen zu beschränken und überhaupt argwöhnisch überwachen"[8].

---

[1] *Beseler*, Volksrecht und Juristenrecht, 307.
[2] Betrachtungen, 11.
[3] *Beseler*, aaO, 303.
[4] *Beseler*, aaO, 305.
[5] *Beseler*, aaO, 316.
[6] *Beseler*, aaO, 304.
[7] *Beseler*, aaO, 351.
[8] *Beseler*, aaO, 69 f.

Falck hingegen entwirft sein wissenschaftlich zu ergründendes Recht als das sachnahe, ungebrochene Recht. Dogmengeschichtliche Betrachtung ist verfehlt, denn der geschichtslose Sinn der Lebensverhältnisse wird unmittelbar in „Rechtswahrheiten" umgemünzt. Solches Recht bei einem Juristenstand zu monopolisieren, muß Falck sinnlos erscheinen, sind doch jene allgemeinen Rechtswahrheiten allen Vernünftigen (und alle sind vernünftig) rational zugänglich. Wo es aber kein Gefälle gibt, taucht der Gedanke an die „Macht" eines „Standes", die es einzuschränken gelte, gar nicht auf[9]. Politische Argumentation ist, was das Verhältnis des Volkes zu den Juristen betrifft, gegenstandslos. Natürlich läßt sich dieser Rechtsideologie Falcks ebenfalls eine politische Nuance abgewinnen. Er legitimiert seine Methode, indem er ihr den Anschein der Exklusivität nimmt. Ein Mißtrauen gegenüber dem Juristenstand wird rechtsimmanent hinwegkonstruiert.

Bei streng juristischer Argumentation erweist sich ihm aber auch eine andere politisch brisante Differenzierung Beselers als Scheinproblem. Daß es neben dem eigentlichen („wahren") Volksrecht, dem „Herkommen", ein „Gewohnheitsrecht" geben soll, das dem ersteren geradezu „feindlich entgegentreten, ja es verderben kann"[10], hält Falck unter rechtsbegrifflichen Aspekten für verfehlt. Der Unterschied sei allenfalls ein psychologischer — und daher irrelevant[11].

Vor allem „mit den allgemeinen Ansichten und mit den höheren Grundsätzen" Beselers vermag sich Falck nicht zu „befreunden"[12]. Während er den autochthonen Bereich der Wissenschaft extensiv bestimmt und soweit wie möglich rational-begriffliche Kriterien einzuführen sucht, zieht Beseler „als das Ursprüngliche und Natürliche" die Methode vor, die in „unmittelbare(r) Anschauung", „ohne eine vermittelnde Operation, und also auch ohne sich einer besonderen wissenschaftlichen Methode zu bedienen, sicher das Rechte trifft"[13]. Von der „Wissenschaft", die nur „abgeleitete Kunde" habe[14], befürchtet er Verfremdung und Verfälschung.

---

[9] Bemerkenswert erscheint die ganz entsprechende Funktion, die dem Argument mit dem „gesunden Menschenverstand" als „Quelle guten Rechts" im Spannungsfeld zwischen Gesetz, Jurist und Laien bereits bei *Hobbes*, wie überhaupt in der englischen Tradition zukommt (*Friedrich*, Die Philosophie des Rechts in historischer Perspektive, 56 f.). Das Interesse *Falcks* (und der norddeutschen Juristen und Politiker jener Zeit) an englischen Fragen und Lösungen ist bekannt (*Brockhaus*, Nicolaus Falck. Eine akademische Gedächtnisrede, 10); es kommt auch in seiner editorischen Tätigkeit zum Ausdruck.
[10] *Beseler*, aaO, 78.
[11] Allg. juristische Betr., 224.
[12] Allg. juristische Betr., 223.
[13] *Beseler*, aaO, 305. Übereinstimmend meint *Reyscher*, daß gesunder Menschenverstand „immer mehr oder weniger das Rechte gefunden" habe, ZdtR 1 (1839) 30.
[14] *Beseler*, aaO, 258.

Diese unterschiedliche Wertschätzung setzt sich in der Beurteilung der Kodifikationsfrage fort. Was hier — so Beseler — „weniger zu bedeuten hätte", sei die Einbuße, die die Wissenschaft erleiden würde. Schwerer wiegt, daß „der selbständigen Entwicklung des Volksrechts ... leicht ein Abbruch geschehen" würde[15]. Ist es bei Falck die Wissenschaft, die die „Verwirrung" des Rechtszustandes zu beheben allein berufen ist, so bedarf es nach Beseler „einer durchgreifenden Reform" durch den Gesetzgeber[16]. „Das kühnste und großartigste Unternehmen wäre nun ohne Zweifel dieses, wenn der ganze in Deutschland vorhandene Rechtsstoff einer Revision unterzogen, und in freier principiengemäßer Durchbildung durch einen großen, constituirenden Akt der Gesetzgebung geordnet und festgestellt würde." Bei einer solchen „Codification" würde es „vor allem darauf ankommen, die allgemeinen Rechtsgrundsätze ... klar und bestimmt hinzustellen"[17]. Falck: „Vor allen Dingen sollten die Rechtsgelehrten bemüht seyn, den reinwissenschaftlichen Theil des Rechts von dem Einflusse der Gesetze frei zu erhalten ...[18]."

Aber der Unterschied verschärft sich noch. Beseler: „Das ganze würde über den Begriff einer gewöhnlichen Codification ... hinausgreifen, und den Character einer politischen Reconstituirung der Nation an sich tragen ...[19]." Falck hingegen — das wurde bereits erwähnt[20] — lehnt es ab, das Recht zum Zwecke politischer Integration nutzbar zu machen. Er versteht sich als der „reine" Jurist, unbestechlich „juristischer" Wahrheit verpflichtet. Jede Konfusion rechtlicher und politischer Erwägung ist ihm suspekt. Mehr und mehr versucht er, sich von politischen Geschäften fern zu halten[21]. Zu den militant-progressiven Germanisten zählt er nicht. Bezeichnend, wie dezidiert er (1845!) seine „allgemeinen Rechtswahrheiten" gegen nationalpolitische Inanspruchnahme abschirmt: „In diesem Gebiet ist die objektive Verstandserkenntniß ausschließlich herrschend, und es kann dabei von einer Volksthümlichkeit, oder von einem nationalen Character die Rede überall nicht seyn ... Es ist dies eine Bemerkung, welche wir denen zu bedenken geben, die immerfort die Forderung eines nationalen und volksthüm-

---

[15] *Beseler*, aaO, 240.
[16] *Beseler*, aaO, 231, 234.
[17] *Beseler*, aaO, 235.
[18] Betrachtungen, 16.
[19] *Beseler*, aaO, 236.
[20] Vgl. Betrachtungen, 48 f.
[21] Von der Vorliebe für das kontemplative Dasein des Wissenschaftlers zeugen überaus viele seiner Briefe. Beispielsweise schreibt er am 17. 8. 1835 an *Mittermaier* (Heidelberg, Hs. 2746): „Ich habe übrigens den sehnlichen Wunsch, bei der ersten besten Gelegenheit die Geschäfte aufzugeben, mich von allen Arbeiten des practischen Lebens loszumachen und lediglich wissenschaftlichen Beschäftigungen und dem Lehrberuf zu widmen." In diesem Sinne auch die Briefe an *Mittermaier* vom 31. 3. 1836, 25. 4. 1837, 7. 1. 1838, 19. 4. 1838 (Heidelberg, Hs. 2746).

lichen Rechtes auf eine Weise im Munde führen, als müßte das Volksthümliche und Nationale in allen Bestandtheilen des Rechts das herrschende Element sein[22]." Demgegenüber war es erklärtes Ziel der Germanistengeneration nach Eichhorn, „zur Begründung einer vaterländischen Rechtswissenschaft mitzuwirken"[23], „deutsches Bewußtseyn" zu wecken[24]. Während sich bei Falck das Recht, soweit es „rationell" ist, auf weite Strecken also, durch Geschichtsferne auszeichnet, ist der deutsche Nationalgedanke funktional mit geschichtlicher Betrachtung verbunden[25].

In dieses Bild paßt fugenlos seine zwar skeptische, aber leidenschaftslos abwägende, respektvoll nüchterne Bewertung des römischen Rechts[26]. „Man kann die Zweckmäßigkeit der Reception bezweifeln, und die Bedenklichkeiten hervorheben, welcher einer solchen Veränderung der Rechtsquellen entgegenstehen. Darum hört aber die Sache nicht auf, das zu seyn, was sie wirklich ist, ein unbezweifeltes Factum, welches die Grundlage der bestehenden Rechtsordnung in Deutschland bildet, an der die Wissenschaft nicht rütteln darf[27]."

2. Der Rang des römischen Rechts[1]

„Gegen die nun seit drei Jahrhunderten herrschende Vorstellung, daß die justinianeische Rechtssammlung für Deutschland eine subsidiarische Rechtsquelle sey, ist übrigens manches zu erinnern; nicht bloß, daß das geltende Recht durch die fremde Sprache der Kenntniß des Volkes entzogen wird, sondern auch, daß die Gesetzsammlung weder publicirt worden ist, noch ihrem ganzen Inhalt nach als Gewohnheitsrecht angesehen werden kann. Denn der Gebrauch des römischen Rechts beruht nicht auf den Gewohnheiten des Volks, sondern bloß auf einer Observanz der Gerichte, die kein Recht bildet[2]." Weil mithin zweifel-

---

[22] Allg. juristische Betr., 237.
[23] *Reyscher*, Über den Zweck dieser Zeitschrift, ZdtR 1 (1839) 3.
[24] *Reyscher*, ZdtR 10 (1846) 183 (in einem Aufruf zur Germanistenversammlung 1846).
[25] *Bockenförde*, Verfassungsgeschichtliche Forschung, 74 ff. (77).
[26] Vgl. demgegenüber die Nachweise zur „germanistischen Polemik" bei *Wieacker*, Privatrechtsgeschichte, 407 FBn. 94.
[27] Allg. juristische Betr., 217.
[1] Einen vorzüglichen Überblick über Rezeptionsgeschichte und Rechtszustand in Schleswig-Holstein gibt *Wesenberg*, Neuere deutsche Privatrechtsgeschichte, 83 ff.
[2] E § 90 (168). Demnach ist der Gerichtsgebrauch keine unmittelbare Rechtsquelle; Entscheidungen sind nur die Grundlage eines eventuellen Gewohnheitsrechts: „Die einzelnen Entscheidungen verhalten sich zu ihrem Resultat, wie die einzelnen Acte zu dem daraus hervorgehenden Gewohnheitsrechte" (Vorrede zu *Blackstones* Handbuch des englischen Rechts, Bd. 2, XV). *Austin* hingegen führt auch Richterrecht auf einen Normsetzungsakt des Souveräns zurück: „... laws established in the legislative mode by subordinate political superiors" (Lectures, 37); vgl. *Gagnér*, Ideengeschichte, 94 f.

haft ist, ob das römische Recht die Gültigkeitserfordernisse positiven Rechts erfüllt, sollte man es nur insoweit gelten lassen, „als es wissenschaftlich brauchbar, oder in seinen einzelnen Sätzen durch Volksgewohnheiten anerkannt ist"[3].

Über seine wissenschaftliche Brauchbarkeit entscheidet die „Conformität mit der gesunden Vernunft"[4]. „Sie besteht ... in der allgemeinen Erkennbarkeit der Rechtssätze, oder in der Möglichkeit einer rationellen Deduction[5]." „Nach dieser Idee wäre also das Römische Recht lediglich eine ratio scripta, oder eine entscheidende Auctorität für solche Sätze, von denen der Richter auch auf anderm Wege durch eigenes Nachdenken sich überzeugt hätte[6]." So meint Falck, ein Prinzip gefunden zu haben, nach dem sich Anwendbares und Überholtes, „nur Geschichtliches", im römischen Recht trennen ließen. Es dient ebensowohl den Bedürfnissen der Praxis als auch der Systematisierbarkeit des Rechtsstoffes[7]. Falck macht das römische Recht nutzbar als „Surrogat der vollendeten wissenschaftlichen Begründung des Rechts..., die uns ja noch immer fehlt"[8].

Im Interesse der Sachnähe wünschenswert wäre es, wenn die Gesetzgebung der Wissenschaft bei der zunächst vorzunehmenden Sichtung des römischen Rechts durch die Einrichtung von Volksgerichten zu Hilfe käme[9] — ein Lieblingsgedanke Falcks, den ja fast alle späteren Germanisten mit Verve verfochten (freilich unter anderen rezeptionsideologischen Vorzeichen)[10]. Bei einer solchen Bestandsaufnahme würde

---

[3] E § 90 (168 f.).
[4] Betrachtungen, 62, 64.
[5] Betrachtungen, 64.
[6] Betrachtungen, 63. Zum Beginn des ratio-scripta-Gedankens bereits bei Gaius vgl. *Coing*, Systemgedanke, 35. Die Geschichte der juristischen Hermeneutik hatte zu *Conrings* Zeiten mit dem Kanon der „politischen Interpretation" eine andere Möglichkeit eröffnet, römisches Recht nicht anzuwenden (vgl. *Geldsetzer*, Thibaut, XXIII). Sie fußt auf empirisch-kritischem Vergleich der politischen Zustände und hängt vor allem mit einer Gesetzgebungslehre zusammen (vgl. *Gagnér*, Ideengeschichte, 112 ff.). Für eine „wissenschaftlich" orientierte Rechtsanschauung ist sie nicht brauchbar. Zur (damaligen) zeitgenössischen Spannung zwischen autoritätsgebundener Interpretation und — *Conrings* — geschichtlicher, kritischer Argumentation vgl. *Hattenhauer*, Hermann Conring und die deutsche Rechtsgeschichte, SchlHAnz 1969, 72.
[7] *v. Stein* wirft später *Savigny* vor, daß er ein solches Prinzip im „System" nur angekündigt, aber nicht aufgestellt habe (Dtsch. Jb. Wiss. u. Kunst 4 [1841] 394). Es müsse, so fordert *v. Stein*, sowohl für die Praxis zu handhaben als auch für das wissenschaftliche System brauchbar sein (aaO, 373 f.) — das sind die Ziele *Falcks*.
[8] Betrachtungen, 63.
[9] Betrachtungen, 65.
[10] *Landsberg* III/2, Noten 141 f. (N. 12). Gerade auch *Beseler* (Volksrecht und Juristenrecht, 246 ff., 269 ff.), ohne allerdings *Falck* zu erwähnen; vgl. auch *Reyschers* Rezension der Schrift *Beselers*: „Das Bekannte ist hier, wenn auch ohne Anknüpfung an bereits Geleistetes, ... besprochen" (ZdtR 8 [1843] 349).

„ein großer Theil unserer sogenannten Praxis ... bei näherer Prüfung nicht als wirklich erfahrungsmäßiges Recht[11] befunden werden, sondern eher als ein Gemisch von historischer Kenntniß des römischen Rechts und von allerhand selbstersonnenen naturrechtlichen Theorien und angeblichen Billigkeits-Principien"[12].

3. Das deutsche Recht und sein „wissenschaftliches Prinzip"[1]

Diese Aufgabe der Sichtung und Durchforstung obliege der Wissenschaft[2]. Da hätte eine vergleichende Betrachtung des römischen und germanischen Rechts nahegelegen, dies um so mehr, als sie „neben und mit einander angewandt, also auch zu einem Ganzen zusammengefügt werden mußten"[3]. Die Erklärung dafür, daß das bisher nicht erfolgt sei, liege „in den gangbaren Ideen über Römisches und Deutsches Recht am Tage". „Zuvörderst hat dazu mitgewirkt die Meinung von der Vortrefflichkeit des Römischen Rechts, von der Übereinstimmung mit dem Naturrecht, wie man zu sagen pflegt, oder von der inneren Wahrheit seiner Rechtssätze[4]." Der richtigen Einschätzung des germanischen Rechts andererseits stehe die Meinung entgegen, „daß wir die Gesetzgebung unserer Vorfahren nicht ausgebildet, und ihren Geist verlohren hätten"[5]. Vor allem aber liege das deutsche Recht „noch in seiner Kindheit, und was alles dazugehöre, soll noch größtentheils erst erforscht und zu einem Ganzen gefügt werden"[6]. Zunächst gilt es daher, den Stoff historisch zu ermitteln und zusammenzutragen: „... So ist vor allen Dingen Liebe zu dem Einheimischen, und vorurtheilsfreie Schätzung des alten Rechts die erste Bedingung[7]."

Damit aber nicht genug. „Für diese Mannigfaltigkeit Deutscher Rechtsnormen soll die verbindende Einheit aufgesucht werden, das gemeinschaftliche Recht aller Deutschen[8]." Das deutsche Privatrecht wird

---

[11] Auch das „natürliche Recht" zählt *Falck* ja insofern zu „erfahrungsgemäßem" Recht, als es auf dem Dasein des Staates als Tatsache der Erfahrung beruht, Betrachtungen, 7. Zur Norm als Gegenstand der Erfahrung vgl. 3. Kap. 2).
[12] Betrachtungen, 66.
[1] In Anlehnung an die Monographie *Gerbers*, Das wissenschaftliche Princip des gemeinen deutschen Privatrechts.
[2] Im Grunde kann es, was den Rechtszustand betrifft, also doch nicht „füglich bei dem Alten bleiben" (Betrachtungen, 60, zur Kodifikationsfrage). Im Hinblick auf das römische Recht hat *Falck* dieses sein Leitbild auch bereits korrigiert, vgl. 6. Kap. 2).
[3] Betrachtungen, 67.
[4] Betrachtungen, 68.
[5] Betrachtungen, 70.
[6] Betrachtungen, 56.
[7] Betrachtungen, 72.
[8] Betrachtungen, 73.

zur „wissenschaftlichen Aufgabe"[9]. Die Art, wie Falck sie angeht, ist bezeichnend für seine methodische Position. Er empfiehlt zunächst „historisch-kritische Combination" als adäquate Methode, „d. h. eine geschichtliche Entwickelung der Deutschen Rechtsgrundsätze in ihrem ganzen Umfange, verbunden mit einem steten Hinblick auf den Gang der consequenten Entwickelung, und auf die etwaigen Abwege, in welche dieses und jenes Particularrecht hineingeführt worden"[10]. Insoweit sieht er sich in Übereinstimmung mit Eichhorn[11]. Der allerdings meint, daß die „Bestimmung" der „rechtlichen Idee" jedes deutschen Rechtsinstituts „nur von dem historischen Standpunkt aus möglich" sei[12]. Falck entnimmt den „kritischen" Maßstab, an dem die „Consequenz" der Rechtsbildung zu messen ist, nicht der Geschichte selbst. Letztlich kann es auch nicht nur ein immanent-germanistischer sein. Denn es ist gerade jene ungebührlich weite Ausdehnung des römischen Rechts, die der Entfaltung eines gemeinen deutschen Rechts entgegensteht: „... Über alle Verhältnisse, die nicht auf besonderen Sitten beruhen, meint man, hätten wir gar keine andere Regeln, als die aus dem Römischen Recht entlehnten." Bedauerlicherweise sei dies „so ziemlich allgemeine Meinung selbst unter den Germanisten"[13]. Aus diesem Grunde muß das konstituierende Prinzip des deutschen Rechts zugleich die Abgrenzung zum römischen Recht leisten, aber auch die Verbindung beider Rechtssysteme zu einem praktisch verfügbaren und wissenschaftlich geordneten „Ganzen" ermöglichen[14]. Die bekannte germanistische Modellvorstellung von der Systematisierbarkeit des deutschen Rechts[15] wird freilich nicht zum Totalitätsanspruch übersteigert[16]. Vielmehr muß eine „kritische Vergleichung beider Rechtssysteme" stattfinden, um „vollkommene Einheit und durchgängige Consequenz in dem geltenden Rechte Deutschlands ... zu erreichen"[17]. So kann die „Theorie des deutschen Rechts"[18] nur die Funktion einer allgemeinen Rechtstheorie sein.

„Was wir diesem nach als Aufgabe für die Wissenschaft hinstellen, ist erstlich eine historische Entwickelung des Römischen, wie des Germanischen Rechtes, in ihrem ganzen Umfange und in dem ganzen Verlauf ihrer Bildung, dann eine Scheidung des rationellen Theils in jedem von dem historisch bedingten, und endlich die Beantwortung der Frage,

---

[9] Betrachtungen, 72.
[10] Betrachtungen, 74 f.
[11] *Eichhorn*, Über das geschichtliche Studium des deutschen Rechts, Zgesch-Rw 1 (1815) 124 ff., zitiert bei *Falck*, Betrachtungen, 75 FBn. *.
[12] *Eichhorn*, aaO, 130 f.
[13] Betrachtungen, 70.
[14] Betrachtungen, 67.
[15] *Wieacker*, Zum heutigen Stand der Rezeptionsforschung, 186 f.
[16] Vgl. *Wieacker*, Privatrechtsgeschichte, 411.
[17] Betrachtungen, 87.
[18] E § 124 (248).

6. Kap.: Germanistische Prinzipien

inwiefern das eine oder das andere in dem rationellen Theil seiner Grundsätze die unveränderlichen, in der Natur der Rechtsverhältnisse liegenden Normen, ausgesprochen hat[19]." Die Frage, ob das so ermittelte deutsche Recht unmittelbar geltendes Recht sei, löst sich aus seinem Rechtsbegriff fast mit Selbstverständlichkeit. Es handelt sich, „da ... die gesetzliche Gültigkeit eine Regel auf das Territorium beschränkt ist, für welches sie angenommen wird"[20], nur um eine „allgemeine Theorie des deutschen Rechts" als „Einleitung zu jedem deutschen Particularrechte"[21, 22]. Anwendbar ist es nur, soweit es zugleich integrierender Teil eines Landesrechts ist[23].

Zur Bestimmung des „wissenschaftlichen Prinzips" des deutschen Rechts greift Falck also wieder auf sein Modell der allgemeinen Rechtswahrheiten zurück. „Ohne eine festbegründete Deduction desjenigen, welches in allem Rechte das Unwandelbare und Ewige ist, kann der Streit gar nicht in seinem ganzen Umfange entschieden werden[24]." Die „allgemeinen Rechtswahrheiten" gewinnen hier über ihre dogmatische Bedeutung als geltendes Recht hinaus eine kritische Funktion. Falck, der eine „Philosophie des positiven Rechts" als „Censur und Apologetik des positiven Rechts"[25] nicht als spezifisch rechtswissenschaftliche Denkweise anerkennt, kommt innerhalb der so begründeten streng dogmatischen Methode doch nicht ohne ein kritisches Moment aus. Die „allgemeinen Rechtswahrheiten" sind zugleich rechtstheoretische Maßprinzipien. Unter diesem Aspekt erscheinen sie als „allgemeine Rechtstheorie"[26].

„Wissenschaftliche Vollkommenheit"[27] wird dem deutschen Recht erst zukommen, wenn es rational analysiert, begrifflich durchgeformt und

---

[19] Betrachtungen, 76 f. Damit vermeidet *Falck* den Einwand, den man *Eichhorn* entgegenhalten konnte, daß er nämlich kein Kriterium habe, partikularrechtliche Anomalien von nationalem, im Partikularrecht ausgeprägten Gemeingut zu sondern (*Landsberg* III/2, 266).

[20] Betrachtungen, 73.

[21] E § 124 (248); vgl. auch *Hübner*, Der Streit um die Geltung des deutschen Privatrechts im 19. Jahrhundert, 177.

[22] Gegen *Falck* wendet sich *Beseler*: Ein gemeines Recht, das nur „als Einleitung in das Studium der Particularrechte" gelten könne, höre „damit auf, ein Recht zu sein..." (System des gemeinen deutschen Privatrechts I, 35 Fßn. 6). Auch *Reyscher* referiert die Ansicht *Falcks* kritisch (Die Einheit des gemeinen deutschen Rechts, ZdtR 9 [1845] 360 f.).

[23] Dem stimmt *Gerber* zu, vgl. sein Zitat aus der Enzyklopädie *Falcks*, Prinzip, 276 Fßn. 9.

[24] Betrachtungen, 69.

[25] *Hugo*, Enzyklopädie, 2. Aufl. 1799, 15.

[26] *Falck* setzt dem Geschehen eine Theorie entgegen und beurteilt es aus ihr. Das zeigt — um nur einmal exemplarisch zu belegen, was inzwischen ohnehin deutlich ist —, wie fern von hegelianischer Philosophie er steht (veranlaßt ist diese Bemerkung allein durch die Assoziation *Falck* — *Hegel* bei *Wieacker*, Privatrechtsgeschichte, 408).

[27] Betrachtungen, 12.

zu einem logisch richtigen System organisiert ist, wenn es also von derjenigen „mathematischen Consequenz"[28] erscheint, die man damals als Kennzeichen römischen Rechtsdenkens rühmte. Daher Falcks zugleich bedauernde Feststellung und ermunternder Aufruf zum deutschen Recht: „Die Rechtsverhältnisse sind nicht so, wie bei den Römern, in ihre einfachen Elemente aufgelöset, und bis auf ihre entferntesten Folgen fortgeführt, aber in den Germanischen Quellen sind dennoch Grundsätze genug dargelegt, um für weitere Entwickelungen Stoff darzubieten...[29]." Hier läßt sich die von Falck zwar selbst erwähnte, aber nicht näher ausgeführte methodische Differenz zu Eichhorn ablesen[30]. Dessen anderer Ausgangspunkt, daß nämlich die „Bestimmung" der „rechtlichen Idee" jedes deutschen Rechtsinstituts „nur von dem historischen Standpunkt aus möglich" sei[31], wirkt bis in Einzeluntersuchungen nach. Das wird an den bereits beispielhaft verwendeten Erörterungen über „Ehre" und „Stand" deutlich. Der streng begriffliche Duktus der Argumentation Falcks tritt im Vergleich mit den entsprechenden Passagen bei Eichhorn besonders prägnant hervor[32]. Nach Eichhorn kann eine „anwendbare Theorie" der Ehre nur durch historische Filigranarbeit im römischen und deutschen Recht zustande kommen. Fugenlos wird diese Theorie im Ergebnis nicht sein können; dem stehen als unauflösbarer Rest „jene verwirrten Begriffe" über die „Natur des Instituts" entgegen[33]. Während sich Eichhorn sogleich und unreflektiert in der Geschichte bewegt[34], geht Falck mit einem zuvor präzisierten, ungeschichtlich entwickelten Begriff an die Rechtsbildungen heran; allererst sind „jene verwirrten Begriffe" zu klären. Noch deutlicher ist die verschiedene Arbeitsweise bei der Darstellung der Stände zu verfolgen. Eichhorn entwickelt zunächst die historische „Verschiedenheit der Stände"[35] und legt die so gewonnene Einteilung der folgenden dogmatischen Darstellung des geltenden Rechts zugrunde[36], während Falck

---

[28] Betrachtungen, 70 f.
[29] Betrachtungen, aaO.
[30] *Falck*, Brief an *Rosenvinge* vom 7. 10. (?) 1831 (Kopenhagen, Nks. 3101, 4°): „Haben Sie Eichhorns Kirchenrecht gesehen? Ich kann nicht sagen daß mir die Arbeit gefällt, weder in Rücksicht der Grundsätze noch der Behandlungsweise" (ein Brief *Falcks* vom 7. 3. 1831 mit „bezeichnender" Kritik an *Eichhorns* Einleitung in das deutsche Privatrecht — so der Hinweis bei *Döhring*, Geschichte der juristischen Fakultät 1665-1965, 113 Fßn. 36 — konnte in Kopenhagen nicht nachgewiesen oder aufgefunden werden. Möglicherweise meint *Döhring* den hier zitierten Brief, dessen Monatsangabe sehr undeutlich geschrieben ist).
[31] *Eichhorn*, ZgeschRw 1 (1815) 130 f.
[32] *Eichhorn*, Einleitung in das deutsche Privatrecht, 254 ff.
[33] *Eichhorn*, aaO, 257 f.
[34] Dazu *Böckenförde*, Verfassungsgeschichtliche Forschung, 50.
[35] *Eichhorn*, aaO, 143 ff.
[36] *Eichhorn*, aaO, 168 ff.

erst einen allgemeinen Rechtsbegriff des „Standes" konzipiert und von da aus die „Verschiedenheiten" beurteilt[37].

Dieses wissenschaftliche Programm Falcks weist in seinen Grundlinien andererseits auf Gerber hin[38]. Auch er orientiert sich an der hochgeschätzten romanistischen Dogmatik und am Leitbild der mathematischen Arbeit mit dem Begriff. Es gilt, die methodischen und dogmatischen Unzulänglichkeiten des deutschen Rechts zu beheben und es in einem „systematischen, wissenschaftlichen Ganzen" zu vereinen[39]. Dazu müssen die Rechtsbildungen in ihrer geschichtlichen Vielzahl daraufhin untersucht werden, inwieweit sie ein „wirkliches Rechtsprincip" oder ein Rechtselement von „allgemeiner Construirbarkeit" enthalten[40]. Denn wie Falck hält es Gerber für eine „nicht zu bestreitende Wahrheit, daß ein großer Theil des Privatrechts in seinen allgemeinsten Grundlagen"[41] den Einflüssen der Volksindividualität fern steht..."[42]. Das erlaubt es, jene Elemente schließlich unabhängig von ihrer historischen Erscheinungsform zu betrachten: Gerber fordert die „Trennung der Geschichte und der dogmatischen Darstellung des deutschen Privatrechts"[43]. Dies ist bei Falck angelegt in der Überprüfung des Stoffes auf seine Übereinstimmung mit einem System „rationeller" Rechtswahrheiten. Parallel zu Falck sucht Gerber das, was „auf rein historischen Gründen" beruht, das Zufällige und das Wechselnde, von dem zu trennen, was einer „fortdauernden juristischen Nothwendigkeit" entspricht[44].

Die Formulierung dieses kritischen Prinzips zeigt — dies in Parenthese als Nebenergebnis —, daß die Hinwendung des vernunftrechtlichen Denkens zum deutschen Recht nur mittelbar begründet ist; das deutsche Recht wird, um zu ermitteln, ob es als „juristische Wahrheit" zu schätzen und beizubehalten sei, an sachgerechtem, aus vernünftiger Betrachtung der Lebensverhältnisse gewonnenem Recht gemessen[45].

---

[37] Vgl. 4. Kap. 2 c).
[38] Der nach *Wieacker*, Privatrechtsgeschichte, 404, erst die „volle Konsequenz" aus einem systematisch-begriffsjuristischen Konzept zieht.
[39] *Gerber*, Prinzip, 238. Zu *Gerbers* Ansicht eingehend *Wilhelm*, Methodenlehre, 91 ff.
[40] *Gerber*, System des deutschen Privatrechts, 12. Aufl. 1875, Vorrede, XVIII.
[41] Weitergehend offenbar *Falck*, der das nicht nur für die „allgemeinsten Grundlagen" annimmt, vgl. 5. Kap. 2).
[42] *Gerber*, System des deutschen Privatrechts, 8. Aufl. 1863, XIII.
[43] *Gerber*, Prinzip, 294.
[44] *Gerber*, aaO, 244, 272 ff.
[45] Das bestätigt die Ansicht *Wieackers*, Privatrechtsgeschichte, 263 FBn. 58, 275 FBn. 96, 322. Die Verdienste des Vernunftrechts für die Erneuerung des deutschen Rechts betonen *Thieme*, SZGerm 56 (1936) 234, und *Wohlhaupter*, HistJb 59 (1939) 411. Die Genannten sehen jedoch eine unmittelbare, wesensgemäße Verknüpfung. *v. Gierke*, mit dem diese Wertschätzung beginnt, hat eine (nur) „unbewußte" Neigung vernunftrechtlicher Konstruktionen zu deutschrechtlichem Gedankengut angenommen (Naturrecht und Deutsches Recht, 17, 25).

4. Die praktische Arbeit im deutschen Recht

Falcks methodische Erörterungen tragen programmatische Züge. Sie sind ein Entwurf für die Zukunft. Er hat sie selbst nur als Projekt verstanden. Die Verbindung des römischen und deutschen Rechts in einem homogenen Gesamtsystem kann vorerst nicht in Angriff genommen werden[1]. Die germanistische Wissenschaft steht noch ganz am Anfang. „Übersieht man, was die germanistische Literatur an einzelnen Aufsätzen und Abhandlungen in den letzten Jahren aufzuweisen hat, so ist wahrlich die Aerndte auf diesem Felde nicht reichlich zu nennen[2]." Falck entschließt sich, dies durch Herausgabe der ersten germanistischen Zeitschrift, der „Eranien zum deutschen Recht", zu bessern. Der Einleitungsaufsatz vermittelt einmal mehr Einblicke in seine rechtswissenschaftlichen Auffassungen. Privatrecht, Staatsrecht und Kirchenrecht sind „diejenigen Rechtsdisciplinen..., deren wissenschaftliche Bearbeitung durch einzelne Beyträge zu fördern, die[3] Eranien bestimmt sind"[4]. Dieses gleichmäßige Interesse an öffentlichem und privatem Recht ist ein wesentliches Merkmal der germanistischen Bewegung[5]. Auch hier akzentuiert Falck vorsichtiger als z. B. Beseler, der meinte, daß „in dem Privatrecht... nicht das ganze Recht, nicht einmal der wichtigste Theil desselben enthalten" sei[6]. „Daß das öffentliche Leben eines Volks vielfach einwirke auf die Rechtsnormen, welche das Privatleben beherrschen, und das selbst das Privatrecht von der Verfassung des Staates nicht getrennt werden dürfe, das wird in unsern Zeiten nicht so verkannt, wie es früher wohl geschehen ist, ja man möchte eher geneigt seyn, zu glauben, daß man auf der andern Seite wieder zu weit gegangen, und daß bisweilen das gesamte Privatrecht als ein Ausfluß der politischen Elemente im Volke angesehen werde, wie es doch in vielen

---

[1] Ebenso später noch *Gerber*, System des deutschen Privatrechts, 8. Aufl. 1863, XV: „... für jetzt wissenschaftlich unzulässig". Andererseits wendet sich *Falck* gegen *Mittermaier*, der die Hoffnung, germanisches und römisches Recht könnten wissenschaftlich angenähert und integriert werden, für utopisch hält und rät, zum „Schwert der Gesetzgebung" zu greifen (Verhandlungen der Germanisten zu Lübeck am 27., 28. und 30. September 1847, 218 ff.). Zur Germanistenversammlung in Frankfurt (1846) war *Falck* nicht erschienen; er hatte lediglich das Einladungsschreiben mitunterzeichnet, vgl. dessen Abdruck in ZdtR 10 (1846) 181 f.
[2] *Falck*, Eranien, Vorrede zur 3. Lieferung 1828 (dies der eigentliche Einleitungsaufsatz der Zeitschrift), V. Daher ist es *Falck*, wie er in einem Bericht über seine Deutschlandreise an *Rosenvinge* schreibt (Brief vom 1. 12. 1826, Kopenhagen, Nks. 3101, 4°), „besonders erfreulich... gewesen, eine Reihe junger Gelehrter kennen zu lernen, die sich dem Studium des germanischen Rechts widmen".
[3] Im Original: „der".
[4] *Falck*, aaO, VI.
[5] *v. Gierke*, Die historische Rechtsschule und die Germanisten, 23. Vgl. auch grundsätzlich *Wolf*, Große Rechtsdenker der deutschen Geistesgeschichte, 543.
[6] *Beseler*, Volksrecht und Juristenrecht, 65.

seinen Theilen nicht seyn kann[7]." Für die „Eranien" bedeutet das, daß sich die Zeitschrift, auch was Staats- und Kirchenrecht betrifft, „streng innerhalb der Gränzen rechtswissenschaftlicher Untersuchungen zu halten haben" wird[8]. Eigentlich wäre es, meint Falck, unnötig, „auch nur ein Wort darüber zu sagen, wenn es nicht eine fast vorherrschende Neigung der Zeit wäre, staatsrechtliche Untersuchungen mit politischen Betrachtungen zu vermengen". Das aber sollte „der Jurisprudenz billig ganz fremd bleiben"[9]. Daher werden dogmatische Darstellungen „einzelner Lehren" das scharf umrissene Programm der Zeitschrift bilden; „selbst bei Urkunden und anderen deutsch-rechtlichen Materialien" wünscht Falck, um der Gefahr des Abgleitens in antiquarische Liebhabereien entgegenzuwirken, daß „angegeben werde, auf welche Weise dergleichen Mittheilungen in der Theorie des deutschen Privatrechts eingreifen"[10]. Falck selbst verliert sich auch bei historischen Detailforschungen[11] nicht in jenem eleganten l'art pour l'art, in das die historische Schule ihrem Programm zuwider nur allzu leicht verfiel[12]. Allein — „ein Buch will nicht blos geschrieben seyn, es soll auch gelesen werden"[13]. Und daran ist die Zeitschrift allem Anschein nach gescheitert. Sie brachte es nur auf drei Lieferungen (1825, 1826, 1828). So tut man Falck nicht Unrecht, wenn man über diesem ersten Ansatz wieder zu seinen weiterführenden Plänen und Arbeiten übergeht.

Was für die junge Germanistik „eben so wichtig seyn muß, als die geschichtliche Forschung, die Auffindung des innern Zusammenhangs unter den Rechtssätzen, ist bisher gar wenig versucht worden, und dürfte vielleicht erst dann ganz vollständig gelingen, wenn die allgemeine Rechtstheorie wissenschaftlich begründet seyn wird"[14]. Deren Elemente seien — dies steht in gewissem Widerspruch zur Rezeption naturrechtlicher Forschungen[15] — weder schon abschließend ermittelt noch in einem „Canon allgemeiner Rechtswahrheiten" vereinigt, doch

---

[7] *Falck*, Vorrede zu *Blackstones* Handbuch des englischen Rechts, Bd. 1, VI.
[8] *Falck*, Eranien, 1828, X.
[9] *Falck*, aaO, XI.
[10] *Falck*, aaO, VII.
[11] Von denen seine Briefe reiches Zeugnis ablegen. Häufig — besonders in den Briefen an *Rosenvinge* und *J. Grimm* — finden sich auch, vornehmlich im Zuge seiner editorischen Arbeit am „Jütischen Low", rein philologische Untersuchungen zur Wortgeschichte und textkritische Erwägungen. Dabei ist, wiewohl stets dogmatikbezogen, eine Neigung zum Althergebrachten unverkennbar. *Falck* motiviert sie selbst: „Solange unsere Landesgeschichte ... noch so mancher Nachhülfe und Aufklärung bedarf, wird es Niemanden Wunder nehmen, daß die älteren Zeiten mit einer gewissen Vorliebe behandelt werden" (Archiv für Geschichte, Statistik, Kunde der Verwaltung und Landesrecht, 1. Jg. 1842, Vorwort, 5).
[12] Vgl. die Kritik *Kierulffs*, Theorie des gemeinen Civilrechts, XIV.
[13] *Falck*, Eranien 1828, V.
[14] Betrachtungen, 75.
[15] E § 52 (92), vgl. 4. Kap. 2 c).

sei gerade die prüfende Erforschung des römischen und germanischen Rechts „in den nichthistorischen Theilen beider" ein „nicht zu vernachlässigendes Mittel... zur Erkenntniß des Allgemeinen im Rechte zu gelangen"[16].

In dieser Situation verlagert sich der Schwerpunkt wissenschaftlichen Bemühens zunächst auf den ersten Teil des Gesamtvorhabens: auf die „historische Entwickelung des Römischen, wie des Germanischen Rechtes, in ihrem ganzen Umfange und in dem ganzen Verlauf ihrer Bildung..."[17]. Doch Falck engt sein praktisches Hauptarbeitsgebiet weiter ein. Nicht etwa, daß „eifernde Gegnerschaft"[18] zum römischen Recht spürbar würde[19]. Falck, Reyscher und Beseler hier in einem Atemzug zu nennen[20], verzeichnet das Bild. Es ist schlicht die „Liebe zu dem Einheimischen"[21], die ihn dazu bewegt, sich vorwiegend mit dem schleswig-holsteinischen Recht und seiner Geschichte zu beschäftigen. Von 1825 bis 1848 erscheint in fünf Bänden sein früh projektiertes[22] „Handbuch des Schleswig-Holsteinischen Privatrechts". Der Titel ist geradezu irreführend, denn Band 1 behandelt die Staats- und Rechtsgeschichte der Herzogtümer, Band 2 das Staatsrecht mit besonderer Berücksichtigung der politisch interessanten Erbfolgefragen; Band 3 erstreckt sich von der Darstellung der Gerichtsverfassung über Kriegsverfassung, Lehenswesen und Staatseinkünfte bis hin zu zwei gerühmten Abschnitten[23] über Kirchenverfassung und Strafrecht Schleswig-Holsteins. Im Privatrecht (Bände 4 und 5/1) ist das Werk unvollendet geblieben. Nur das Personenrecht und einen Teil des Sachenrechts konnte Falck noch fertigstellen.

Ein Werk dieser Art entspricht seiner Grundhaltung, daß Recht nur staatliches Recht sein kann — die Darstellung des Partikularrechts ist Arbeit im geltenden Recht. Stets ist Falck bemüht, den Praxisbezug

---

[16] Betrachtungen, 67.
[17] Betrachtungen, 77.
[18] *Wieacker*, SZRom 72 (1955) 3.
[19] Vgl. dazu schon 6. Kap. 2).
[20] Wie z. B. bei *Wieacker*, aaO, und *ders.*, Zum heutigen Stand der Rezeptionsforschung, 184 f.
[21] Betrachtungen, 72. *Falck* war ab 1836 ständiger Direktor der „Gesellschaft für Sammlung und Erhaltung vaterländischer Alterthümer" und von Anfang an Präsident der 1833 gestifteten „Gesellschaft für die Geschichte der Herzogthümer Schleswig, Holstein und Lauenburg" (vgl. *Ratjen*, Nekrolog, 381). Zum näheren Umkreis dieses „Einheimischen" gehört vor allem auch das nordische Recht. „Es bleibt nur zu wünschen, daß unter unseren Rechtsgelehrten ein ernsteres Studium dieses uns verwandten Rechtssystems angeregt und fortgesetzt werden möge" (*Falck*, Brief an *J. Grimm* vom 24. 4. 1819, Berlin, Nachlaß Grimm 988). Vgl. auch die Würdigung, die *Falck* bei *Landsberg* III/2, 499 ff., erfährt.
[22] Den Plan, „ein Lehrbuch für meine Vorträge zu schaffen", äußert er, soweit ersichtlich, erstmals in einem Brief vom 13. 2. 1819 an *Rosenvinge* (Kopenhagen, Nks. 3101, 4°).
[23] *Wohlhaupter*, HistJb 59 (1939) 391 f.

rechtlicher Erörterungen zu wahren. Selbst das Rechtsleben des Alltags ist ihm — im Gegensatz zu Savigny beispielsweise[24] — durchaus kein Korollarium[25]. „Wird nun unter Rechtswissenschaft ein Inbegriff von Rechtswahrheiten verstanden, so ist darin schon ausgedrückt, daß diese Wahrheiten nicht bloß Gegenstand der Erkenntniß, sondern auch zur Anwendung bestimmt sind. Alle Jurisprudenz ist mithin eine practische Wissenschaft." Das „Practische" aber „hat entweder das Geschichtliche oder das bloß Theoretische zum Gegensatze"[26].

Die Behandlung des „historischen" Teils des Rechts hat gezeigt, wie sich auch hier das methodische Prinzip der „allgemeinen Rechtswahrheiten" geltend macht. Die Frage nach dem Verhältnis beider „Theile" zueinander ist die Frage nach dem Verhältnis der analytisch-logischen Methode zu einer geschichtlichen Betrachtungsweise. Das bedingt die präzisierende Erarbeitung des Geschichtsverständnisses Falcks.

---

[24] *Savigny*, Vom Beruf unserer Zeit für Gesetzgebung und Rechtswissenschaft, 77 ff., 85. Vgl. auch *Gagnér*, Ideengeschichte, 19.

[25] Beispielsweise äußert er sich — verhältnismäßig ausführlich, bedenkt man den Grundrißcharakter einer juristischen Enzyklopädie — über die Bedeutung von Beurkundungen: „Vor allen Dingen ist aber dieser Theil der juristischen Praxis in seiner großen Wichtigkeit zu erkennen, und es sollte nicht, wie freilich von einseitigen Theoretikern wohl geschieht, so vornehm darauf herabgesehen werden. Die Behandlung dieser außergerichtlichen Geschäfte wird in manchen Fällen für das zeitliche Glück und selbst für den häuslichen Frieden ganzer Familien, für den Kredit und den Wohlstand der Staatsbürger in einem hohen Grade entscheidend, und fordert beinahe mehr als die gerichtliche Praxis, Rechtskunde, Umsicht und Sorgfalt" (E § 175 [333 f.]).

[26] E § 132 (267 Fßn. 94).

Siebentes Kapitel

Recht und Geschichte

Der Savignyische Entwurf einer zugleich „philosophischen" und „historischen" Rechtswissenschaft impliziert eine Neubestimmung des Standorts und Erkenntniswerts der Geschichte. Umfangreiche Arbeiten hierzu[1] haben ein Gesamtbild ergeben, das, hier vorausgesetzt, es erlaubt und erleichtert, die Position Falcks durch punktuellen Kontrast deutlicher zu markieren.

„Die geschichtliche Schule nimmt an, der Stoff des Rechts[2] sey durch die gesammte Vergangenheit der Nation gegeben, doch nicht durch Willkühr, so daß er zufällig dieser oder ein anderer seyn könnte, sondern aus dem innersten Wesen der Nation selbst und ihrer Geschichte hervorgegangen[3]." Ist also die Vergangenheit bedingende Ursache der Gegenwart und als solche noch in ihr enthalten, so kann die „Gegenwart eines organischen Zustandes" nicht anders „als in Verbindung mit seiner Vergangenheit" begriffen werden[4]. Aber dies betrifft zunächst nur den „Stoff" des Rechts, und „der ist einseitig zu nennen, welcher eine Seite als das Ganze behandelt"[5]. Dies Ganze zu erkennen erfordert, das Recht geschichtlich und systematisch zu bearbeiten[6]. Der Stoff bedarf eines „logischen Mediums", einer wissenschaftlich-systematischen „Form". Mit diesem Begriff einer historisch-dogmatischen Methode versehen, konnte Savigny die Aufgabe angehen, die „Masse des Positiven und Historischen"[7] zu sichten und zu läutern. Eine „gründliche Rechtswissenschaft" soll lehren, „diesen historischen Stoff frey als... Werkzeug zu gebrauchen"[8]. „Ihr Bestreben geht... dahin, jeden gegebenen

---

[1] Vgl. die Nachweise bei *Wieacker*, Privatrechtsgeschichte, 354 FBn. 18, 378 FBn. 2, 381 FBn. 17.
[2] *Wieacker*, Wandlungen, 11 f.
[3] *Savigny*, ZgeschRw 1 (1815) 6.
[4] *Savigny*, Stimmen für und wider neue Gesetzbücher, ZgeschRw 3 (1817) 12.
[5] *Puchta*, Cursus der Institutionen I, 10.
[6] *Savigny*, Vom Beruf unserer Zeit für Gesetzgebung und Rechtswissenschaft, 99. Vgl. auch *Savignys* Begriffe vom „gleichzeitig" und „succzessiv" „Mannigfaltigen" (Über Gesetzgebung und Rechtswissenschaft in unserer Zeit, ZgeschRw 1 [1815] 395).
[7] *Thibaut*, Civilistische Abhandlungen, 424.
[8] *Savigny*, Vom Beruf unserer Zeit für Gesetzgebung und Rechtswissenschaft, 137.

Stoff[9] bis zu seiner Wurzel zu verfolgen, und so sein organisches Princip zu entdecken, wodurch sich von selbst das, was noch Leben hat, von demjenigen absondern muß, was schon abgestorben ist...[10]."

Auch Falck fordert zunächst eine „historische Entwickelung" des vorgefundenen Rechts in seinem ganzen Umfange, dann jedoch „eine Scheidung des rationellen Theils... von dem historisch bedingten"[11]. Jenen „rationellen Theil" kennzeichnet gerade, wie der Gang der Untersuchung gezeigt hat, daß er „frey... von geschichtlichen Einwirkungen" ist[12]. Hier ist absolut „wahre" Erkenntnis möglich[13], die es erlaubt, die Ergebnisse des geschichtlichen Verlaufs kritisch zu würdigen[14]. Wenn also die geschichtlich gewordenen Rechte an den unveränderlichen Normen — gewonnen aus begrifflicher Ableitung, aus der „Natur" der Rechtsverhältnisse — gemessen werden, so ist ihm die Geschichte hier weder Geltungsgrund noch Erkenntnisquelle des gegenwärtigen Rechts. Die Geschichte kann hier bestenfalls das sein, was Savigny verwirft, nämlich (nicht „moralisch-politische", aber juristische) „Beyspielsammlung"[15], pragmatische Historie also[16]. „Die allgemeine Rechtstheorie hat ihrer Natur nach keine Geschichte, sondern das Geschichtliche kann in dieser Beziehung lediglich die Fortschritte der wissenschaftlichen Erkenntniß betreffen[17]."

---

[9] Der hier „dreyfach" sei: Römisches und germanisches Recht sowie „neuere Modifikationen beider Rechte" (*Savigny*, aaO, 140).
[10] *Savigny*, aaO.
[11] Betrachtungen, 71.
[12] Betrachtungen, 16.
[13] Ein „intellektueller Abschluß", um eine Formulierung *Wilhelms*, Methodenlehre, 28, zu übernehmen.
[14] Vgl. Betrachtungen, 76 f. Das schließt eine legitimistische Tendenz der Methode und ihrer Handhabung nicht aus, vgl. oben S. 56.
[15] *Savigny*, ZgeschRw 1 (1815) 3. Gleichwohl neigt *Savigny* selbst zu dieser Behandlungsweise der Geschichte, vgl. *Gagnér*, Ideengeschichte, 46.
[16] *Meinecke*, Die Entstehung des Historismus, Bd. 2, 570. Ferner entspricht *Falcks* Interesse an statistischen Daten — er gibt das Archiv für Geschichte, Statistik, Kunde der Verwaltung und Landesrecht heraus — einer Grundorientierung der Göttinger pragmatischen Schule (*Schlözer, Achenwall*), vgl. *Dilthey*, Das 18. Jahrhundert und die geschichtliche Welt, 262, 272.
[17] E § 57 (100). Ähnlich *Feuerbach*, Empirie, 44 f.: Die Geschichte des Rechts „ist eine pragmatische Darstellung der Veränderung der Rechte und Rechtslehren, also die Geschichte der verschiedenen Versuche und Fortschritte in der positiven Darstellung des Vernunftgesetzes der Gerechtigkeit" (*Feuerbach* muß allerdings „das Historische in das Dogmatische selbst herüberziehen" [aaO, 46], weil er im Rahmen seiner Polarität Form-Stoff von der „Positivität" des „Stoffes", und das heißt seiner historischen Veränderlichkeit, ausgeht). Die Ansicht *Falcks* entspricht dem Tenor des theologischen Rationalismus, der sich ab 1790, zur Zeit seines theologischen Studiums also, schulmäßig durchsetzt, vgl. *Hirsch*, Geschichte der neueren evangelischen Theologie im Zusammenhang mit den allgemeinen Bewegungen des europäischen Denkens, Bd. 5, 3. In seiner philologischen Dissertation umschreibt *Falck* den Nutzen und Wert geschichtlicher Betrachtung noch in vier Punkten: In dem Vergnügen, das die Kenntnis der Einzelheiten ihres Verlaufs gewähre, in den nützlichen Lebensregeln, die sie vermittele, ferner, weil **Vergangenheit und**

Die nur historischen Normen allerdings hat der Jurist „so viel möglich auf historischem Wege genetisch zu erklären"[18]. Ob die „rationelle" oder die geschichtliche hermeneutische Methode anzuwenden ist, hängt vom Normencharakter ab. Die entsprechende Vorprüfung[19] wird anhand rationeller Kriterien daraufhin vorgenommen, ob die fragliche Norm eine „allgemeine Rechtswahrheit" ausspricht. Erweist sich dabei, daß dies nicht der Fall ist, so ist „eine blos geschichtliche Behandlung des Rechts" angebracht[20].

Diese geschichtliche Behandlung nun — da ist Falck offenbar einer Meinung mit Savigny[21] — beruht darauf, daß das Recht keine Geschichte für sich hat[22], sondern nur abhängiges Moment eines „höheren Ganzen"[23], „nichts als die Wirklichkeit selber" ist[24]. Daher ist „die Aufmerksamkeit nicht bloß auf die einzelnen Thatsachen zu richten, welche unmittelbar auf die Rechtsquellen und auf die juristischen Verhältnisse eingewirkt haben, sondern vornämlich auf den allgemeinen Character des Volks oder der Gesellschaft, wie sich solcher in der Geschichte offenbart, und auf den durch diesen Character sowohl, als durch äußere Ereignisse allmählig bewirkten Wechsel in den öffentlichen und innern Verhältnissen, um die allgemeine Grundlage kennen zu lernen, aus welcher das Recht jedes Zeitalters hervorgegangen ist"[25]. Falck hätte sich in demselben Sinne wie Thibaut gegen den Vorwurf zur Wehr setzen können, ein „ungeschichtlicher" Jurist zu sein[26]. „Es ist wohl eine gute Folge der veränderten Zeit, daß das lebende Geschlecht von dem Wahne ist geheilt worden, ein von der Vorzeit abgerissenes, vollständig in sich gebildetes Daseyn zu führen, daß es seinem Zusammenhange

---

Gegenwart kausal zusammenhingen, in der Erkenntnis des Bestehenden, und schließlich im Aufruf zu großen Taten, um sich künftigen Nachruhms zu vergewissern. Sein Geschichtsverständnis ist damals durchaus rational: „porro delectationem et fabulae praestant: egregia vero documenta, praesertim quibus discamus aliquid quod ratio ipsa facile dictasset, raro inveniam etiam apud bonos scriptores" (De historie inter Graecos origine et natura, 50).

[18] Betrachtungen, 31.
[19] „Vorläufige Untersuchung", E § 144 (299).
[20] Betrachtungen, 31. In E § 57 (99) sagt *Falck* allerdings, daß auch das positive Recht, um es „vollständig zu erkennen", wenigstens „zum Theil" auch „analytisch zu entwickeln" sei. Das bezieht sich wahrscheinlich — *Falck* gibt keine nähere Erklärung — auf gemischt-typische, rational-historische Rechtssätze. Im übrigen bedeutet „Analyse", angewandt auf „historische Urkunden oder Zeugnisse", nichts anderes als Exegese und logisch folgernde Weiterentwicklung (Betrachtungen, 14 f.; vgl. auch 9. Kap.).
[21] Allgemein zu den Gemeinsamkeiten über den zeitgenössischen Gegensätzen vgl. *Gagnér*, Ideengeschichte, 26.
[22] *Wilhelm*, Methodenlehre, 35.
[23] *Savigny*, ZgeschRw 1 (1815) 3.
[24] Historisch-juristische Analecten, 181.
[25] E § 143 (294 f.).
[26] *Thibaut*, Über die sogenannte historische und nichthistorische Rechtsschule, AcP 21 (1838) 403. Vgl. ferner *Kiefner*, SZRom 77 (1960) 304 ff. m. w. N. (bes. 305 Fßn. 8).

mit der Vergangenheit größere Bedeutung beilegt, und nicht bloß, wo es aufs Erkennen der Gegenwart ankommt, sondern auch in dem Gestalten derselben[27]."

Hier klingt jedoch der Unterschied zu Savigny bereits an: All diese Passagen stehen nicht unter entwicklungsgeschichtlichem Vorzeichen[28]. Savigny konnte nicht daran denken, der Geschichte eine Bedeutung für die Gestaltung der Gegenwart beizumessen. „Vielmehr ist dieses Verwerfen des Gegebenen der Strenge nach ganz unmöglich, es beherrscht uns unvermeidlich, und wir können uns nur darüber täuschen, nicht es ändern." Von einer „Wahl zwischen Gutem und Schlechtem"[29] könne nicht die Rede sein. Dagegen meldet Falck nun jenen germanistischen Freiheitsanspruch an, der sich bereits bei seiner Ansicht vom Gewohnheitsrecht geltend machte[30].

„Ein arger Mißverstand würde es indes sein, wenn die geschichtliche Ansicht so viel bedeuten sollte, daß man die Geschichte zur Herrscherin der Gegenwart machen, und die Freiheit des lebenden Geschlechts in den Überlieferungen der Vorzeit sollte untergehen lassen. Die überlieferten Formen des Lebens sollen darum nicht fortbestehen, weil sie einmal auf uns gekommen sind. Die Frage, was darunter gut, löblich und der Erhaltung werth sey, ist nimmer mehr ganz abzuweisen[31]." Das Ideal ist ungeschichtliche, ja ahistorische Handlungsfreiheit: es wäre am besten, wenn Individuum und Gesellschaft alle Überlieferung abstreifen könnten und „alle Verhältnisse und ihre Formen hervorgehen ließe(n) aus eigenen Ideen"[32]. Zu Zeiten germanistischer Kampfstimmung hat man dies, um nochmals Reyscher zu zitieren, mit entschiedenerem Pathos zum Axiom erhoben: „Wie die vergangene Generation, so ist daher auch die gegenwärtige befugt, ihre Verhältnisse mit Freiheit zu bestimmen, und es dürfte diese Selbstbestimmung jedenfalls vorzuziehen seyn einem blinden Hingeben an den Zug des Schicksals[33]."

Falck indessen formuliert vorsichtiger, wagt sich zwar theoretisch weit vor, schwächt seine kühne These aber sogleich pragmatisch wieder ab (ohne sie ganz aufzugeben). Lediglich die „Bescheidenheit" der Selbsterkenntnis begründet den praktischen Wert geschichtlicher Betrachtung. Das freie Gestaltungsrecht ist begrenzt: denn „... freilich ist dies mehr, als irgend ein Mensch vermag, und also auch irgend ein Mensch erreicht... Soll aber dennoch neben meiner selbständigen Überzeugung irgendein Fremdes als herrschend stehen, so wähle ich lieber

---

[27] *Falck*, Über Adel und Bundestag, Kieler Blätter 7 (1819) 135.
[28] Und das erst hat den Gegnern *Savignys* den Vorwurf des „Ungeschichtlichen" eingetragen, zutreffend *Wilhelm*, Methodenlehre, 28.
[29] *Savigny*, ZgeschRw 1 (1815) 4.
[30] Vgl. 5. Kap. 1).
[31] *Falck*, aaO, 135 f.
[32] *Falck*, aaO, 136.
[33] *Reyscher*, ZdtR 1 (1839) 34.

das Alte, als das Neue ... Jene Lehre also, welche Achtung vor der Geschichte gebietet, kann nur eine Warnung enthalten, nicht nach bloßen Meinungen, wie ungestüm sie auch augenblicklich hervortreten, und wie sehr sie auch zur momentanen Herrschaft gelangen mögen, die menschlichen Verhältnisse umzugestalten, sondern das Bestehende fortdauern zu lassen, bis es entweder von selbst fällt, oder bis eine feste sichere Überzeugung ... neuen Einrichtungen die Stelle geebnet hat"[34]. Der Verweis auf die Macht der Geschichte kommt emanzipiert schaffensfreudigem Lebensgefühl zuvor. Falcks vorsichtige Zurückhaltung (auch in politischen Dingen) ist vom praktischen Quietismus der historischen Rechtsschule[35] nicht weit entfernt. Vor dem reformerischen Elan anderer Germanisten zieht er sich jedenfalls zurück.

Indessen mindert das nicht die Bedeutung seines Ansatzpunktes für die Beurteilung des rechtstheoretischen und methodischen Stellenwerts der Geschichte. Auf die gleiche Frage: „Was haben nun wir Juristen, woran wir uns im Ganzen halten und empor heben können?"[36] gibt Falck eine Antwort, die mit dem Konzept der historischen Rechtsschule zunächst unvereinbar ist. Wo Savigny den wahren Gegenstand der Rechtswissenschaft im geistigen Traditionszusammenhang der Geschichte (und ihrem „logischen Medium") sucht, findet Falck ihn außerhalb des Geschichtlichen. Und schließlich assoziiert er mit dem „Historischen" das Nicht-Notwendige, „Zufällige"[37]. So erklärt es sich, daß er nicht, wie Savigny, ein sachliches „Prinzip" kennt, im nur historischen Teil des Rechts Lebendiges von „Abgestorbenem" zu scheiden, das „Wahre" zu ergründen. In diesem Sinne bemerkenswert ist, daß er bei der Formulierung der Aufgabe für die Wissenschaft lediglich für den „rationellen" Teil des Rechts ein kritisches Kriterium angibt, auf den so ausgeschiedenen „historisch bedingten" Teil aber gar nicht weiter eingeht[38].

Nach alledem ist die Rechtsgeschichte nicht integrierender Bestandteil der Rechtswissenschaft, nicht der Dogmatik gleichberechtigtes Element und auch nicht Element der Dogmatik selbst. Für die Wissenschaft vom geltenden Recht hat sie vielmehr nur eine untergeordnete Funktion zu erfüllen: Sie wird unter die „Hülfskenntnisse der Rechtswissenschaft"[39] eingereiht.

---

[34] *Falck*, aaO, 136 f. Vgl. das breite Spektrum des „Konservativen" bei *Scheyhing*, Deutsche Verfassungsgeschichte der Neuzeit, 104 Rdn. 49 und 154 Rdn. 15.
[35] *Wilhelm*, Methodenlehre, 39 ff.
[36] *Savigny*, ZgeschRw 3 (1817) 45.
[37] Das wurde bereits gezeigt, vgl. 4. Kap. 3 a).
[38] Betrachtungen, 77.
[39] Dies die Überschrift des 3. Kapitels, in dem Geschichte und Rechtsgeschichte behandelt werden, E §§ 143 f. (294 ff.). Ebenso *Thibaut*: Die Rechtsgeschichte ist „nur insofern brauchbar, als das anwendbare Recht dadurch Licht und Leben erhält" (Enzyklopädie, 299). Dagegen wendet sich *Savigny* schon in seiner Juristischen Methodenlehre, 34. Die Bedeutung der Geschichte

Daher reduziert sich das Programm der umfassenden Darstellung jener allgemeinen „Grundlage..., aus welcher das Recht jedes Zeitalters hervorgegangen ist"[40], in seiner praktischen Durchführung auf eine „Zusammenstellung der Thatsachen, welche auf die Verfassung und das Recht des Landes einen Einfluß gehabt haben"[41]. Die Geschichte wird „nicht in ihrer ganzen Allgemeinheit" abgehandelt[42], sondern nur insoweit, als man glaubt, ihr unmittelbar rechtsgestaltende Wirkung zuschreiben zu können. Das rechtfertigt sich daraus, daß der „Nutzen..., den die Rechtsgeschichte gewähren soll", nur in der „Erklärung des geltenden Rechts" liegt[43]. Falck hält es dabei für „recht passend", die „innere" Rechtsgeschichte (die sich mit den „Veränderungen in den Rechtssätzen selber" befaßt[44]) mit der Darstellung des geltenden Rechts zu verbinden, denn andererseits sei „des reingeschichtlichen Stoffes nicht so viel, daß daraus ein Hinderniß für diese Methode hervorginge. Bei einer entgegengesetzten Methode ist es unvermeidlich, Manches in die Rechtsgeschichte mitaufzunehmen, was wirklich geltendes Recht ist"[45]. Das erhellt noch einmal, daß Falck im Unterschied zum methodischen Ansatz der historischen Schule — beginnend mit Hugo[46] — die Frage, was Recht ist, getrennt wissen will von der, wie es geworden ist[47]. Die „äußere" Rechtsgeschichte (also vornehmlich die Staatsgeschichte als „Geschichte der gesetzgebenden Gewalt" und die Geschichte der Rechtsquellen[48]) behandelt Falck getrennt von der „inneren" und nach der periodisierenden, synchronistischen Methode[49].

Savigny dagegen zieht die chronologische Methode vor, im Unterschied wiederum zu Hugo, der die Geschichte des römischen Rechts synchro-

---

als pragmatisches Hilfsmittel für die Rechtspolitik betont *Falck* — anders als z. B. *Reitemeier* (Enzyklopädie, XIX) — demgegenüber nicht besonders, E § 145 (300).

[40] E § 143 (295).
[41] Handbuch I, 154.
[42] Handbuch I, 153.
[43] Handbuch I, 155.
[44] E § 144 (297). Eine „innere" Rechtsgeschichte ist also nicht notwendig durch das entwicklungsgeschichtliche Prinzip „bedingt" wie *Wilhelm*, Methodenlehre, 29, meint. Ohne dieses Prinzip, das ist zuzugeben, verliert der Begriff allerdings seine typische Aussagekraft. Das bemerkt *Falck* selbst, Handbuch II, 3 f.
[45] Handbuch I, 155.
[46] *Hugo*, Enzyklopädie, 2. Aufl. 1799, 15; vgl. 4. Kap. 3 a).
[47] So auch *Feuerbach*, Einige Worte über die historische Rechtsgelehrsamkeit und einheimische deutsche Gesetzgebung, 17: „Die Geschichte erklärt, wie etwas nach und nach g e w o r d e n; wie und was dieses Etwas gegenwärtig sei, lehrt die Geschichte nicht. Was der Geschichte angehört, ist schon dem Leben abgestorben" (zum darin begründeten Unterschied zur historischen Schule vgl. auch *Wieacker*, Wandlungen, 12).
[48] E § 144 (297).
[49] Handbuch I, 154. Zu deren Ursprung in der Göttinger Schule *Jelusic*, Die historische Methode Karl Friedrich Eichhorns, 29 ff., 53; *Frensdorff*, Das Wiedererstehen des deutschen Rechts, SZGerm 29 (1908) 13.

nistisch dargestellt hat[50]. Falck befindet sich insofern in Übereinstimmung mit germanistischen Gepflogenheiten[51]. Andererseits verbindet er nicht, wie es seit der „Deutschen Rechts- und Staatsgeschichte" Eichhorns (1808) germanistischer Tradition entspricht, die Verfassungs- mit der Privatrechtsgeschichte[52].

Schließlich läßt sich bei Falck auch innerhalb rechtsgeschichtlicher Forschungen selbst — abgesehen von ihrer dogmatischen Bedeutung — kein „organischer", entwicklungsgeschichtlich bedingter Verfahrensmodus entdecken. „Denn dieser Theil des Rechts hat entweder ganz willkührliche Anordnungen und Einrichtungen der Völker, oder solche Verhältnisse zum Gegenstande, die ungefähr auf gleiche Weise sich allenthalben entwickelt haben", wo mithin — ein Theorem der Aufklärungshistorie[53] — von einem „allgemeinen Gange der Bildung bei allen Völkern" gesprochen werden kann. Hier, auf dem Felde empirischer Vergleichbarkeit, müssen daher durch „Analogie und Combination ... viele Lücken in der Rechtsgeschichte zu füllen seyn"[54]. Methodisch korrespondiert dem die Forderung nach einer „vergleichenden Jurisprudenz", insbesondere nach vergleichender Rechtsgeschichte[55]. Bezeichnenderweise findet sich dieses Programm mit ähnlichem Stellenwert innerhalb einer ähnlichen Geschichtsauffassung bei Thibaut[56], Feuerbach[57] und Reitemeier[58] ebenfalls.

Rechtsvergleichung hat aber für den eigentlich rechtstheoretischen Bereich nicht sowohl grundlegende als vielmehr untergeordnete Bedeutung. Die verschiedenen Rechtssysteme sind hier nur (aber immerhin auch) ein „Stoff, an dem sich die Wissenschaft auf ihren untern Stufen übt"[59]. Auch als Methode rechtsgeschichtlicher Forschung nimmt die Rechtsvergleichung an der Einstufung in die bloßen „Hülfswissenschaften" teil. Es sind dies nicht die Anfänge jener vergleichenden, spezifisch geisteswissenschaftlichen Methode des 19. Jahrhunderts[60], die geeignet ist, die Geisteswissenschaften auf die historisch-sozialen Realitäten zu gründen. Vor allem das dafür maßgebliche individual-ethnologische und

---

[50] *Hugo*, Lehrbuch der Geschichte des römischen Rechts bis auf Justinian; und die Rezension *Savignys*, Vermischte Schriften V, 5 f.
[51] *Wieacker*, Privatrechtsgeschichte, 404.
[52] *Landsberg* III/2, 260 f.
[53] *Dilthey*, Das 18. Jahrhundert und die geschichtliche Welt, 237.
[54] Betrachtungen, 81.
[55] Betrachtungen, 77 ff. (80 ff.).
[56] *Thibaut*, Civilistische Abhandlungen, 433.
[57] *Feuerbach*, Blick auf die deutsche Rechtswissenschaft, 29: „Vergleichung und Kombination". *Falck* verweist die genannten Abhandlungen *Thibauts* und *Feuerbachs*, Betrachtungen, 70 Fßn. *.
[58] *Reitemeier*, Enzyklopädie, XXII f.
[59] Betrachtungen, 80.
[60] *Rothacker*, Logik und Systematik der Geisteswissenschaften, 91 ff. m. w. N.

entwicklungsgeschichtliche Moment fehlt[61]. Denn entweder ist eine bestimmte historische Erscheinung „zufällig" oder aber „allen Völkern" eigentümlich[62].

Im Geschichtsverständnis Falcks scheinen sich alte Terminologien abzuzeichnen. Die große französische Enzyklopädie von 1751 ff. definiert: „Philosopher, c'est donner la raison des choses, on dumoins la chercher; car tant qu'on se borne à voir et à rapporter ce qu'on voit, on n'est que historien[63]." Philosophisch arbeitet, wer begründet oder nach Gründen forscht; daneben steht die „historia", Geschichte, die sich auf die eventuell vergleichend geordnete Zusammenstellung von Tatsachen beschränkt, ohne sie zu begründen. Dies deutet abermals — vergegenwärtigt man sich noch dazu das naturrechtliche Erbe Falcks — eine innere Beziehung zwischen der Literaturgattung der juristischen Enzyklopädie und dem enzyklopädischen Geist des 18. Jahrhunderts an. Auch die aus dogmatischen Gründen veranlaßte Einengung des Geschichtsfeldes auf Tatsachen von unmittelbarem Einfluß[64] entspricht dem enzyklopädischen Muster der angewandten Geschichtswissenschaft als Lehre von den tatsächlich nützlichen historischen Fakten[65]. Jener Gebrauch des Wortes historisch läßt sich begriffsgeschichtlich bis zum deutschen Idealismus verfolgen, der das „bloß" oder „rein Historische" dem „echt Geschichtlichen" gegenüberstellt; letzteres impliziert bereits das Wissen von Gründen[66]. Noch Hugo hält das „Historische" für „empirisch, nach Zeit und Ort verschieden, zufällig"[67]. Letztlich reicht dieser Traditionszusammenhang bis auf Aristoteles zurück. Dort erfaßt die Historie die „besonderen" Erscheinungen, deren Eigenart es ist, nicht „notwendig" auf allgemeinen Gründen zu beruhen[68]. Damit berührt sich der kontradiktorische Gebrauch von „notwendig" und „historisch" bei Falck.

---

[61] *Rothacker*, aaO, 91, 96.
[62] Betrachtungen, 81.
[63] Artikel „Philosophie", 2. Teil, 1. Absatz, Tom. 12, 512 r. Sp.
[64] Vgl. Handbuch I, 153 ff.
[65] *Weis*, Geschichtsschreibung und Staatsauffassung in der französischen Enzyklopädie, 10.
[66] *Bauer*, „Geschichtlichkeit". Wege und Irrwege eines Begriffs, 16 f.
[67] *Hugo*, Enzyklopädie, 6. Aufl. 1820, § 26, Fundstelle wie oben 2. Kap. FßN. 7.
[68] *Aristoteles*, Poetik 1451 b, 5 f., und Nik. Ethik 1141 a, 19, zum Begründungsregreß der philosophischen Erkenntnis; vgl. auch *Kambartel*, Erfahrung und Struktur, 69 f.

Achtes Kapitel

Systemgedanke und Systemaufbau

Die analytische Methode, die bloße Hilfsfunktion der Geschichte, und vor allem die Ablehnung eines organischen, entwicklungsgeschichtlichen Prozesses von rechtlicher Relevanz lassen — verglichen mit dem Systemcharakter der historischen Schule — Konsequenzen für die Ansicht Falcks vom System des Rechts erwarten.

„Damit die Darstellung der in einem Lande geltenden Rechtsnormen den Namen einer Wissenschaft wirklich verdiene", lehrt Falck, „sind drei Stücke erforderlich. Die Rechtsgrundsätze müssen nicht bloß so vollständig abgehandelt werden, daß kein Rechtsverhältniß, wenigstens nach seinen Hauptzügen, unerörtert bleibe, sondern es sind auch die Gründe, auf welchen die Rechtswahrheiten beruhen, überzeugend zu entwickeln, und die Anordnung des Ganzen bis in seine einzelnen Theile nach Gründen des innern Zusammenhangs, nicht bloß nach einem willkührlich gewählten logischen Schema, einzurichten. In der Vereinigung dieser drei Eigenschaften — Vollständigkeit, Gründlichkeit und Ordnung — besteht der wissenschaftliche Character[1]."

Das ist zugleich das Essentiale des Gedankens der Enzyklopädie. So wie sich die französische Enzyklopädie die Ordnung und Verknüpfung der menschlichen Kenntnisse zur Aufgabe setzte[2], enthält die juristische Enzyklopädie eine „Darstellung der Wissenschaft nach ihrem ganzen Gebiet und innerer Organisation"[3]. Falcks Formulierungen zu Rechtswissenschaft und Enzyklopädie sind nahezu austauschbar. Die „ganze Rechtswissenschaft" wird „als Einheit gedacht und als solche behandelt", sagt er zur „innern Organisation" der Rechtswissenschaft[4], und dort, wo er von Begriff und Aufgabe der Enzyklopädie handelt, spricht er von einer „Abhandlung des Rechts, in welcher das Ganze in Einem Sinne und in Einem Geiste dargestellt wird"[5]. Wissenschaftlich-systematische und enzyklopädische Bearbeitungsweise sind im Grunde gleichbedeu-

---

[1] E § 20 (35 f.); vgl. *Coing*, Systemgedanke, 26.
[2] *Weis*, aaO, 2.
[3] E § 24 (41).
[4] E § 21 (37).
[5] E § 24 (41); bezeichnend auch die unmittelbare Aufeinanderfolge der Paragraphen „Wissenschaft" (E §§ 20—22) und „Enzyklopädie" (E §§ 23—25).

tend[6]. So hat die Literaturgattung der juristischen Enzyklopädie — die bezeichnenderweise mit Pütters Werk (1757) ihren Anfang nimmt[7] — teil am enzyklopädischen Geist des 18. Jahrhunderts, der sich in systematisierender Klassifikation manifestiert[8]. Ordnung und Plan sind die beherrschenden Topoi[9], Ordnung nach „Gründen des innern Zusammenhangs".

Auch für Savigny ist das System der „innere Zusammenhang, welcher alle Rechtsinstitute und Rechtsregeln zu einer großen Einheit verknüpft"[10]. Jene „innere Consequenz des Rechts" war nach Savigny „nicht immer eine bloß logische Consequenz, wie das reine Verhältniß zwischen Grund und Folge, sondern zugleich eine organische, die aus der Gesammtanschauung der praktischen Natur der Rechtsverhältnisse und ihrer Urbilder hervorgeht"[11]. Das System als Nachbildung der vorausgesetzten[12], dem Leben immanenten rechtlichen Ordnung und deren Einheit[13] „schreitet fort in Rechtsinstituten"[14] als jenen beherrschenden „Urbildern"[15]. Aber diese haben nach Stahl „die natürlichen Lebensverhältnisse als ihre Voraussetzung". Denen wiederum eignet eine rechtliche Bestimmung[16]. Ganz ähnlich sagt Savigny[17], daß im Rechtsverhältnis als rechtlich bestimmten Lebenssachverhalt „ein Stoff", nämlich eine „Beziehung an sich", und „die rechtliche Bestimmung dieses Stoffs" zu einer organischen Natur vereinigt seien[18]. Daraus folgt, daß Rechtsverhältnis, Rechtsinstitut und Rechtssystem „dem Wesen nach... nicht verschieden" sind[19]. Aus dem „Typus" des Instituts, dessen Natur erst im Zusammenhang des Systems Anschaulichkeit gewinnt, werden

---

[6] Ebenso gesehen von *Dilcher*, JZ 1969, 5 1. Sp.
[7] *Pütter*, Entwurf einer juristischen Encyclopädie und Methodologie, oder allgemeine Einleitung in die ganze Rechtsgelehrsamkeit, Göttingen 1757.
[8] Vgl. die bereits erwähnte (4. Kap. 3 a) a. E.) tabellarische Übersicht vor dem Discours préliminaire der französischen Enzyklopädie von 1751 ff. und den definitorisch ordnenden Stil des Discours préliminaire selbst.
[9] Vgl. auch *Reitemeier*, Enzyklopädie, VI ff.
[10] *Savigny*, System I, 262: „Einheit und Vollständigkeit", ebenso XXXVI, 214.
[11] *Savigny*, aaO, 292. *Canaris*, Systemdenken und Systembegriff in der Jurisprudenz, 16 Fßn. 26, bemerkt korrekt, daß sich diese Ausführungen *Savignys* nicht unmittelbar auf das System, sondern auf die Analogie beziehen. Es scheint aber keine Sinnverschiebung mit sich zu bringen, wenn man sie für das Systemdenken in Anspruch nimmt, zumal *Savigny* hier selbst auf System I, §§ 4, 5, zurückverweist, wo er (auch) vom System handelt.
[12] *Savigny*, aaO.
[13] Zum Systembegriff bei *Savigny* vor allem *Wilhelm*, Methodenlehre, 46 ff. (60).
[14] *Stahl*, Die Philosophie des Rechts, II/1, 294.
[15] *Savigny*, System I, 9, 291.
[16] *Stahl*, aaO.
[17] Zum Einfluß *Stahls* auf *Savigny* vgl. *Wilhelm*, Methodenlehre, 49 Fßn. 128.
[18] *Savigny*, System I, 333.
[19] *Savigny*, aaO, 10.

die einzelnen Rechtsregeln „durch Abstraction" gebildet[20]. Das Institut ist der Zentralbegriff des Systems[21].

Falck determiniert die entscheidenden „Hauptbegriffe der Wissenschaft" anders[22]. Er wendet sich ausdrücklich gegen Stahl[23], der unter dem Rechtsverhältnis einen Komplex „von Thatsachen ... und ihren rechtlichen Normen" versteht, die kraft der „Einheit der ihnen innewohnenden Bestimmung (τέλος) ein unauflösliches Ganzes bilden"[24]. Bei Falck ist ein Rechtsverhältnis letztlich nichts anderes „als ein abstrahirter Begriff, ein Complexus von Rechten und Verbindlichkeiten"[25]. Erst die Rechtsnorm verleiht dem Lebensverhältnis die „Bestimmung", Rechtsverhältnis zu sein. Das Rechtsverhältnis ist „die Folge einer Rechtsvorschrift". In der Relation Rechtsnorm — Rechtsverhältnis ist die Rechtsnorm das Primäre, der „Grund". Die gleiche Beziehung zwischen Grund und Folge besteht zwischen Rechtsnorm, Rechtsverhältnis und subjektivem Recht (bzw. Verbindlichkeit). Die naheliegende Annahme nämlich, daß „Recht und Verbindlichkeit zunächst aus den Rechtsverhältnissen entspringen", „dürfte indeß bei einer genaueren Betrachtung als auf bloßem Schein beruhend sich erweisen"[26]. Wiederum ist es der Rechtssatz, der ein vorher nur „factisches Verhältniß" regelt und so Rechte als garantierten Status hervorbringt. Dem steht die oben[27] dargestellte Methode der Gewinnung von Rechtsnormen aus dem Rechtsverhältnis zum Zwecke der Lückenfüllung zunächst nicht entgegen, denn sie setzt immerhin dessen wenigstens punktuelle Normierung voraus. Brüchig erscheint die Argumentation, die vom Vorrang der Norm handelt, allerdings dann, wenn sie auf nicht einmal teilweise geregelte, sondern völlig „neuentstehende Rechtsverhältnisse" bezogen wird, sollen diese doch ihrerseits „alle Grundsätze mit sich (bringen), die man für ihre Beurtheilung nötig hat"[28].

---

[20] *Savigny*, aaO, 11.
[21] *Wilhelm*, Methodenlehre, 47. Noch in *Savignys* Juristischer Methodenlehre sind Rechtssätze Gegenstand des Systems (15 f.).
[22] E § 21 (37).
[23] Allerdings wieder einmal nur, wie bei ihm allzu häufig, mit der lapidaren Bemerkung: „Abweichende Ansichten hat *Stahl*..." (Handbuch IV, 5 Fßn. 1).
[24] *Stahl*, aaO, 295; zu dieser „Bestimmung" näher aaO, 204; vgl. Interpretation und Kritik bei *Heinrichs*, Die Rechtslehre Friedrich Julius Stahls, 185 ff.
[25] Handbuch IV, 4 f.
[26] Handbuch IV, 4.
[27] 4. Kap. 2 c).
[28] Allg. juristische Betr., 237; vgl. 4. Kap. 2 c). Ein Versuch, auch hierfür die Prävalenz der Norm zu erweisen, kann sich nur auf die Interpretation der sonstigen Lehre *Falcks* stützen. Er spricht bei den „neuentstehenden" Verhältnissen sogleich von „Rechts"-Verhältnissen. Das setzt voraus, daß er sie als „unter Staatsschutz gestellt" ansieht. Wahrscheinlich zählt er sie zu den blankosanktionierten Verhältnissen, die die Rechtsordnung „mit stillschweigender Voraussetzung anerkennt, ohne sie eigens zu normieren" (Be-

In dem hier interpretierten Kontext läßt Falck indessen das Verhältnis von Grund und Folge zwischen lückenhaften oder ungeregelten Rechtsverhältnissen und den zugehörigen Normen außer acht. Er geht vielmehr vom Regelfall des bereits normierten Rechtsverhältnisses und so vom Vorhandensein der „Begriffe" Rechtssatz, Rechtsverhältnis und Recht (im subjektiven Sinne) aus und sucht deren „logischen", systembezogenen Rang zu ermitteln. Zwischen dem mathematisch strukturierten „Factum" als Regelungssubstrat und der Rechtsregelung besteht, wie gezeigt, vermöge der logisch-analytischen Methode ein Abbildungsverhältnis. Die „Thatsachen" und ihre „rechtlichen Normen" bilden aber nach der erklärten Ansicht Falcks weder eine „Einheit" (Stahl), noch sind daher Rechtsverhältnis und Rechtssystem von wesensgleicher, „organischer" Natur. Vielmehr gilt: „Die wissenschaftliche Ordnung der Begriffe bringt es ... ohne Zweifel mit sich, daß die Rechtsvorschriften als der eigentliche Gegenstand der wissenschaftlichen Darstellung angesehen werden[29]."

Sind Rechtssätze in ein System zu integrieren, so verliert der Begriff des Rechtsinstituts jegliche systembezogene Bedeutung. Falck weiß mit diesem „neuern juristischen Sprachgebrauch" auch nichts Rechtes anzufangen: „Am angemessensten dürfte es sein, den Ausdruck Institute auf solche Rechtsverhältnisse zu beschränken, die nicht bloß in einzelnen Leistungen ihre Wirkung äußern, sondern mehr bleibender Natur sind[30]."

Mit der Wahl der Rechtsnorm zum Element des Systemaufbaues ist die dabei anzuwendende Methode noch nicht endgültig präjudiziert. Es kommt hinzu, daß die Geschichte für das Recht weithin allenfalls pragmatischen Wert hat, nie aber als entelechial determinierter Prozeß gedacht wird. Immerhin kennt Falck auch einen Bereich historisch entstandener und historisch wechselnder Rechtsnormen. Ein sachgerechtes System müßte eine entsprechende Dimension in sich aufnehmen oder aber auf einer Ebene „über" den Rechtssätzen einen „bleibenden" Anknüpfungspunkt suchen, etwa den der Rechtsbegriffe (in dieser Richtung, vorgezeichnet im Programm der historischen Schule, verlief die Entwicklung). Allein hier bricht sich Falcks Systemwille. Er biegt die Konsequenzen seiner Doppelung des Rechts in einen „rationellen" und einen „historischen" Teil ab. „Rechtswissenschaft" als „Darstellung der in einem Lande geltenden Rechtsnormen" wird stillschweigend reduziert auf die Darstellung von „Rechtswahrheiten". Das „rationelle"

---

trachtungen, 12). Das erinnert an *Radbruchs* Gedankengang, der sich — in ähnlichem Zusammenhang — auf den „Gesetzgeber überhaupt", den Gesetzgeber „in abstracto", beruft (Die Natur der Sache als juristische Denkform, 15; vgl. dazu *Diesselhorst*, Natur der Sache, 6 f.).

[29] Handbuch IV, 3 f.; übereinstimmend E § 20 (35 f.).
[30] Handbuch IV, 5.

Recht war der Wissenschaft als ihr eigentlicher Bereich zugewiesen worden[31]. Es wird jetzt zum einzigen Bereich. Im Hintergrund dieser Verengung des Blickfeldes mag die überkommene naturrechtliche Vorstellung von dem stehen, was „wissenschaftlicher" (d. h. rational begründender) Bearbeitung zugänglich ist[32]. Noch in Reitemeiers Enzyklopädie wird die Verschiedenheit der Gesichtspunkte in offener Gliederung kenntlich gemacht. Im ersten Teil sind „Allgemeine Grundsätze" logisch-systematisch geordnet, daneben behandelt der zweite Teil die historisch-individuellen Rechtserscheinungen — wie es der Titel des Werkes, die oben angegebenen Bedeutungen der Begriffe bestätigend, verheißt: „Encyclopädie und Geschichte der Rechte in Deutschland".

Auch Falcks Bemerkungen zum System beziehen sich also, wenngleich das nicht so deutlich ist, im Grunde nur auf die Normen, die eine „allgemeine Rechtswahrheit" ausdrücken. Die adäquate Abbildungsform für ein unveränderliches Recht ist das axiomatisch-statische System. Historisch-kausale Abhängigkeiten sind hier irrelevant, das zeitlose Verhältnis von Grund und Folge entscheidet. Die „Gründe, auf welchen die Rechtwahrheiten beruhen, überzeugend zu entwickeln"[33], ist daher Sache eines logisch-analytischen Verfahrens.

Stahl und Savigny mußten den „innern Zusammenhang" anders definieren. „Die Aufeinanderfolge der Rechtsinstitute beruht ... darauf, wie zunächst die Lebensverhältnisse, dann auch die ... Institute, thatsächlich (realiter) einander vorausgehen und nachfolgen als bedingend und bedingt. Ob sie logisch einfacher oder verwickelt seyen, entscheidet nicht[34]." Der historisch-kausale Zusammenhang ist maßgeblich. Savigny nennt das die „practische Consequenz" der Institute[35]. Zum Beispiel geht für Stahl „das Privatrecht dem öffentlichen Recht ... naturgemäß voraus", denn dies ist die Reihenfolge, in der sie „thatsächlich (realiter) einander vorausgehen und nachfolgen als bedingend und bedingt"[36]. Falck hingegen beurteilt die Reihenfolge nach der Beziehung beider Rechtskreise auf den Oberbegriff des Rechts. „Der Ordnung nach" sei das öffentliche Recht vorzuziehen, „da die Verhältnisse unter Privatpersonen erst durch das Daseyn der Staatsverbindung ihren rechtlichen Character erhalten"[37].

---

[31] Vgl. 4. Kap. 3 a).
[32] Vgl. 4. Kap. 3 c).
[33] E § 20 (35).
[34] *Stahl*, aaO, 295.
[35] *Savigny*, System I, 55.
[36] *Stahl*, aaO.
[37] E § 26 (46). Allein die unterschiedliche praktische Bedeutung und didaktische Gründe rechtfertigten es, in einer Enzyklopädie die umgekehrte Reihenfolge einzuhalten. Im Handbuch befolgt *Falck* sein Prinzip, vgl. die Inhaltsübersicht, 6. Kap. 4).

Nun darf freilich das „logische Schema", das den „innern Zusammenhang" herstellt, nicht „willkührlich gewählt" werden[38]. Nicht etwa, daß Falck ein Kriterium zur Ergänzung des logischen Verfahrens sucht. Willkürlich wäre vielmehr ein System, das bei einem Begriff ansetzen würde, der sich bei weiterer Analyse als nur abhängiger Unterbegriff erweist. Darauf beruht seine Kritik an den herkömmlichen Systemen.

„Zum Eintheilungsgrunde ist gewöhnlich der Begriff des individuellen Rechts gewählt worden. Da dieser Begriff aber im Verhältniß zu dem der Verbindlichkeit ein correlativer ist, so könnte die Eintheilung eben so gut von der Verbindlichkeit als von dem Rechte ausgehen. Um dieser Willkührlichkeit zu entgehen, ist es daher nothwendig, den höheren Begriff d e s G e s e t z e s, unter dem die beiden andern stehen, an die Spitze der Wissenschaft zu stellen[39]."

Falcks theoretischer Ansatzpunkt bei der Norm unterscheidet sich vom Systemdenken des Naturrechts und der historischen Schule, in der Durchführung aber zeigt sich vielfach praktische Konkordanz. Die naturrechtlichen Systeme gehen vom Recht der Einzelperson aus, stellen dann das Individuum in fortschreitend größere Rechtskreise und gelangen so über das Familienrecht zum Staats- und schließlich Völkerrecht[40]. Es mag neben der resolutiv-kompositorischen Methode auch der ständische Gedanke sein (das „Als—Sein" der Person), der sich hier geltend macht. Die historische Schule erschaut das „Wesentliche", den Urgrund des Systems, ebenfalls in der Verknüpfung des Rechts mit der personhaften Existenz. Ihre „Zusammenstellung der Rechtsinstitute ist gegründet auf das innerste Wesen derselben, nämlich auf ihren organischen Zusammenhang mit dem Wesen des Menschen selbst, welchem sie inhäriren"[41]. Das Recht hat die Bestimmung, gegründet auf „das Gemeinsame der menschlichen Natur"[42], „die Anerkennung der überall gleichen Würde und Freiheit des Menschen" zu gewährleisten durch „Umgebung dieser Freiheit durch Rechtsinstitute"[43]. So tradiert die historische Schule materiale Rechtswerte des Vernunftrechts, wenn auch nur als Ziel eines geschichtlichen Prozesses, entelechial verfremdet sozu-

---

[38] E § 20 (35).
[39] E § 22 (37 f.). Übereinstimmend *Austin*, Lectures, 769 (Marginal Note 7 zu E § 21, „Method of Falck"): „... inasmuch as right correlates with obligation, an enumeration of the several sorts of obligations would be just as good a basis for a division. Both Right and Obligation (i. e. legal right and obligation) beeing creatures of Law, the notion of Law (or of a politically sanctioned Rule) ought to be placed in front (or to be made the p u n c t u m s a l i e n s) of a division".
[40] *Schwarz*, Zur Entstehung des modernen Pandektensystems, SZRom 42 (1921) 584 f., 603 f.; *v. Gierke*, Naturrecht und deutsches Recht, 29; für *Hobbes* vgl. *Diesselhorst*, Ursprünge des modernen Systemdenkens bei Hobbes, 8.
[41] *Savigny*, System I, 386.
[42] *Savigny*, aaO, 52.
[43] *Savigny*, aaO, 55.

sagen[44]. Insofern ist es nicht inkonsequent[45], wenn Savigny das Privatrecht als System der subjektiven Rechte entwickelt. Auch bei Stahl ist das subjektive Recht „kraft der Anerkennung der Persönlichkeit" als „selbständiges Prinzip" ein „Zentralpunkt". Die übergeordnete „Totalität der Rechtsordnung" führt zur Annahme einer „Rückwirkung" der „Rechtsinstitute" auf dieses Prinzip[46]. Die historische Schule hätte nun, ihrer Methode der historisch-kausalen Progression getreu, „die einzelnen Rechtsinstitute" in einen „lebendigen Zusammenhang", eine „natürliche Reihe" stellen müssen[47]. Diesem methodischen Programm entspricht das tatsächlich befolgte Pandektensystem nicht. Savigny begründet die abweichende Darstellung mit didaktischen Zweckmäßigkeiten (es hat überdies den Anschein, als versuche er andeutungsweise, Überlegungen dieser Art mit seiner Methode in Einklang zu bringen. Denn wenn Urteil und Norm ihre „Grundlage" und „überzeugende Kraft" in der „Anschauung" eines „lebendigen" Verhältnisses finden[48], dann entfernt sich eine didaktisch motivierte Darstellung, die an „lebendige(r) Anschauung ... gewinnen läßt"[49], nicht aus jenem begrifflich diffusen Konzept). In Wahrheit werden — das ist bekannt[50] — in starkem Maße römisch-rechtliche Überlieferungen und naturrechtliche Modelle wirksam.

Auch bei Falck verliert der Leitgedanke des Gesetzes als systematischen Grundbegriffs an Stringenz, je mehr sich das System entfaltet. Die logische Analyse der Normstruktur auf ihre systembildende Funktion hin vermag keine eindeutigen Ergebnisse zu liefern. Die Abstufung der Kategorien ergibt sich zwar aus „den verschiedenen, mehr oder minder allgemeinen Thatsachen, unter deren Voraussetzung die Gesetze verpflichten, ... ohne daß es jedoch wegen des vielfältigen Zusammenhangs der Sätze möglich wäre, die Eintheilung so zu treffen, daß bei jedem Satze die Stellung desselben in einem andern Theil ausgeschlossen würde"[51]. Dieses Verfahren und seine Auswirkungen lassen sich exemplarisch am ehesten in dem eigenartigen Plan aufzeigen, dem Gewerberecht ein eigenes Buch zu widmen und es zwischen Sachen- und Obligationenrecht einzufügen.

---

[44] Dieses auch material-vernunftrechtliche Erbe der historischen Schule ist schon bei *Conrad,* Aus der Entstehungszeit der historischen Rechtsschule. C. v. Savigny und J. Grimm, SZGerm 65 (1947) 286, herausgearbeitet; vgl. neuerdings *Böckenförde,* Historische Rechtsschule, 19 FßN. 33, und *Gallas,* Feuerbach, 24.
[45] Wie *Wilhelm,* Methodenlehre, 63, anzunehmen scheint. Vgl. dagegen schon *Coing,* Systemgedanke, 38.
[46] *Stahl,* aaO, 296.
[47] *Savigny,* System I, 388 ff., mit einem Beispiel.
[48] *Savigny,* aaO, 8, 9.
[49] *Savigny,* aaO, 389.
[50] Grundlegend *Schwarz,* SZRom 42 (1921) 578 ff.
[51] E § 22 (38).

8. Kap.: Systemgedanke und Systemaufbau

Im Gewerberecht sei zunächst „der Begriff des Rechts ... überall vorwaltend" — und zwar der des dinglichen Rechts —; der „rein polizeyliche Gesichtspunct" trete demgegenüber zurück. „Verträge und Rechtsgeschäfte, welche auf gewisse Gewerbe Beziehung haben", würden dagegen „am passendsten im Obligationenrecht vorgetragen". Sie seien nur besondere Arten, Modifikationen einer Gattung, des Vertrages nämlich, und auf deren „Principien" beruhe „das Wesentliche". „Das ganze Gewerberecht" entstehe „einzig und allein durch gesetzliche Beschränkungen der individuellen Freiheit im bürgerlichen Verkehr". Die „natürliche Ordnung" des Gewerberechts ergebe sich daraus „wie von selbst": Für die Systematisierung des Gewerberechts entscheiden „die verschiedenen Classen von Beschränkungen ..., welche in den Landesgesetzen enthalten sind"[52].

Die zunehmende Mehrdeutigkeit analytischer Aufschlüsselung fördert die Übernahme traditioneller Abgrenzungen. Falck begreift, wie zu Zeiten des preußischen Allgemeinen Landrechts üblich, das Polizei- und Kriminalrecht als privatrechtliche Materien[53]. Im eigentlichen Bereich des Privatrechts, im bürgerlichen Recht[54], lassen sich manche der Einflüsse, die A. B. Schwarz für das Pandektensystem nachgewiesen hat, auch bei Falck entdecken. Zunächst aber ist als auffälligste Abweichung vom Pandektensystem zu verzeichnen, daß er nur in Personen-, Sachen- und Obligationenrecht gliedert, „nach einer alten, von den Römern entlehnten, aber auch in der Natur der Sache gegründeten Eintheilung"[55]. Vorsichtig und unentschlossen die Affinitäten zu Sachen- und Familienrecht[56] abwägend, äußert er sich zur Stellung des Erbrechts[57]. Im Handbuch dann hält er es für selbstverständlich, daß es in einem eigenen letzten Buche darzustellen sei[58]. Das Familienrecht wird, wie in den römischen Institutionen, im Rahmen des Personenrechts abgehandelt; die schon bei Pufendorf zu belegende, abweichende naturrechtliche Tradition[59] bleibt unerwähnt und ohne Einfluß. Anders steht es mit dem Charakteristikum der Pandektendoktrin, dem allgemeinen Teil[60]. Auch

---

[52] Handbuch I, IX ff.
[53] E § 21 (38); vgl. *Kleinheyer*, Vom Wesen der Strafgesetze in der neueren Rechtsentwicklung, 12 m. w. N.
[54] Zur Systematik des bürgerlichen Rechts äußert er sich kursorisch in E §§ 21, 26—29.
[55] E § 27 (47). Zu dieser Stelle als Beleg für die „Natur der Sache" vgl. 4. Kap. 2 c) FßN. 48.
[56] Dazu *Schwarz*, aaO, 605 f.
[57] E § 28 (49).
[58] Handbuch I, IX. Überhaupt folgt *Falck* im Handbuch dem Pandektensystem weitgehender als in der Enzyklopädie; treffend also der Hinweis *Schwarzs* auf die pandektenmäßige Darstellung in der (frühen) germanistischen und partikularrechtlichen Zivilistik (aaO, 578).
[59] *Schwarz*, aaO, 585 f., 603 f.
[60] *Schwarz*, aaO, 587 ff.

8. Kap.: Systemgedanke und Systemaufbau

Falck stellt seinem System in einem ersten Buch „allgemeine Lehren" voran. Die innere Anordnung folgt im wesentlichen der Hugos und Heises. Die Lehre von den Sachen allerdings erscheint — anders als dort, aber in Übereinstimmung mit der vorherrschenden Systemtendenz vom 16. bis zum 18. Jahrhundert[61] — am Anfang des vom Sachenrecht handelnden dritten Buches[62]. Sein Bemühen, den allgemeinen Teil knapp zu fassen, läßt sich durchgängig verfolgen. Er nimmt im Handbuch nur 70 Seiten ein[63]. In der Enzyklopädie spricht er sogar nur von einer „allgemeinen Einleitung", gebildet durch die Lehre vom „Status" als Lehre von der Rechtsfähigkeit[64]. Wo immer die Analyse eines Begriffs ergibt, daß er rechtliche Bedeutung vor allem in bestimmten Beziehungen oder als Modifikation eines allgemeineren hat, zieht er ihn zu dem betreffenden Rechtsgebiet[65]. So gehöre die Lehre von den juristischen Personen nicht in das Personenrecht, denn deren Gleichstellung mit den natürlichen Personen habe nur vermögensrechtliche Auswirkungen[66] — Konsequenz seines Programms, „allein auf die Hauptbegriffe der Wissenschaft" abzustellen. Die exemplarische Überprüfung hat ergeben, daß er sich dennoch von der Art, „wie die Römer und die Deutschen das Recht eingetheilt haben"[67], nicht lösen kann; er teilt hier nur das Schicksal seiner Zeitgenossen.

Auch der große Gedanke ist der gleiche. Es gilt, die — wie Savigny bezeichnend sagt — „vorausgesetzte" innere Ordnung des Rechts in einem System nachzubilden. Bei Falck ergibt sich die Strukturgleichheit zwischen dem System und dessen Bauelementen aus einer identischen Methode. Gegenstand der systematischen Darstellung sind Rechtssätze, die durch eine „analytische Entwickelung gegebener Begriffe" aufgefunden werden. Wendet man darauf wiederum eine logisch-begründende, analytische Methode an, darf man sicher sein, den Gegenstand unverzerrt abzubilden. Das System verbürgt Wahrheit, weil es „Rechts-

---

[61] *Schwarz*, aaO, 598.
[62] Handbuch V, 1. Abt., 133 ff.
[63] Handbuch IV, 7—77. Auch *Savigny* wendet sich gegen umfängliche Darstellungen des allgemeinen Teils, Brief vom 26. 10. 1812 an *Heise*, veröffentlicht bei *Lenel*, Briefe Savignys an Georg Arnold Heise, SZRom 36 (1915) 129.
[64] E § 27 (47). E § 27 (48 FBn. 5): „In den Rechtssystemen ausländischer Gelehrten, z. B. der Dänen und Engländer, wird bisweilen die Abhandlung der staatsrechtlichen Verschiedenheit unter den Menschen auch in das Personenrecht gezogen. Diese Verwirrung der Begriffe kommt bei uns gar nicht vor." Dazu *Austin*, Lectures, 777: „The German jurists treat this arrangement as a great absurdity, importing great V e r w i r r u n g , or confusion of ideas, though the direct contrary appears to me to be the truth" (aaO FBn. 11 zitiert *Austin* die hier wiedergegebene Stelle aus der Enzyklopädie *Falcks*).
[65] Z. B. den gewerberechtlichen Vertrag, vgl. 8. Kap.
[66] E § 27 (48), anders allerdings in Handbuch IV, 9.
[67] E § 21 (37).

8. Kap.: Systemgedanke und Systemaufbau

wahrheiten" (richtig) ordnet[68]. Daher hat das Wort „Recht" (im objektiven Sinne) zwei Bedeutungen, die „nahe verwandt" sind: einmal die Rechtsnormen selbst und zum anderen „die wissenschaftliche Darstellung jener Vorschriften", das „wissenschaftliche Ganze"[69]. Dieses Ganze, das System, enthält oberste Begriffe und Prinzipien als Ansatzpunkte für nun mögliche logisch-axiomatische Deduktion. Falck hält es allerdings für unmöglich, bei der Systembildung bis zu einem obersten Begriff vorzustoßen, denn „daß alle einzelne Sätze der Disciplin auf ein höchstes Princip zurückgeführt und aus demselben abgeleitet werden", sei wegen der empirischen Vielfalt der Begriffsinhalte unmöglich[70]. Falck nimmt also zwar nach der Art Kants einen obersten Rechtsbegriff an, setzt diese Leerformel aber nicht durch außerhalb ihrer selbst liegende, materiale Wertungen als einheitlichen systematischen Oberbegriff in Funktion. Vielmehr nimmt er mehrere systematische „Hauptbegriffe der Wissenschaft" an, Gattungsbegriffe also, die auch bei relativer Allgemeinheit noch durch so viele stoffliche Elemente „bestimmt" sind, daß aus ihnen deduziert und unter sie subsumiert werden kann (wie z. B. „Eigentum", „Vertrag)[71].

Präjudiziert ist jene in sich schlüssige Identifikation von Rechtsnorm und wissenschaftlicher Darstellung durch die Frage, wie die Erkenntnis eines stets wechselnden, konkret-historisch positiven Rechts möglich sei. Falck hatte „das Veränderliche" minimalisiert und das Recht als im wesentlichen „bleibend" konzipiert, von mathematischer Struktur und daher logisch rein erkennbar. Diese Grundlegung ist es, die es erlaubt, den logisch-analytischen Zusammenhang der „Gründe" als „innern", der Sache inhärenten, aufzufassen. Nicht nur „nach unserer heutigen Denkgewohnheit" also bedeutet jene Systematisierung „die Inbeziehungsetzung aller durch Analyse gewonnenen Rechtssätze derart, daß sie untereinander ein logisch klares, in sich logisch widerspruchsloses, und, vor allem, prinzipiell lückenloses System von Regeln bilden..."[72].

Auch Feuerbach bleibt bei den „Rechtssätzen", in denen das „eigentliche Wissen in der Rechtswissenschaft" enthalten sei, nicht stehen — ohne freilich diesen „Stoff" bereits als unveränderlich und mathematisch strukturiert zu begreifen. Denn es gebe „kein Wissen ohne Gründe,

---

[68] Da die „richtige" Methode „Wahrheit" gewährleistet, sind Wahrheit und Richtigkeit für *Falck* austauschbare Begriffe, vgl. *Engisch*, Wahrheit und Richtigkeit im juristischen Denken, 4.
[69] E § 6 (19 f.).
[70] E § 20 (36). Auch die „gegebenen" Begriffe nimmt *Falck* ja als von empirisch bedingtem Inhalt an, er unterstellt hier nur stets gleichbleibende Erfahrung und verzichtet daher letztlich auf empirische Begriffsbildung oder deren Kritik, vgl. 4. Kap. 2 c).
[71] *Engisch*, Form und Stoff in der Jurisprudenz, 93. Vgl. auch die Falcksche Argumentation bei dem Versuch, das Gewerberecht zu systematisieren, 8. Kap.
[72] *Weber*, Wirtschaft und Gesellschaft, 2. Halbbd., 396.

8. Kap.: Systemgedanke und Systemaufbau

keine Wissenschaften ohne Grundsätze". So „erhebt sich" die Jurisprudenz mit Hilfe der „alles ergründenden und erleuchtenden Philosophie" über den Stoff hinaus zur Form und so „zur Wissenschaft". Die „einzelnen Sätze" müssen durch „inneren Kausalzusammenhang untereinander verkettet" werden, und dieser innere Zusammenhang ist ebenfalls ein nur logischer: „Das Besondere muß durch das Allgemeine, das Allgemeine durch das Allgemeinste begründet, in ihm enthalten, als notwendige Wahrheit von ihm abgeleitet sein[73]."

Andererseits kann, wer, wie Thibaut, den „positiven" Rechtszustand hinzunehmen fordert wie er ist, in seiner heillos verwirrten Vielfalt, von einem System sich nicht viel versprechen. „Allein bey dem Zustande aller bisherigen Gesetzbücher würde die Darstellung in einer materiellen Einheit zu einer völligen Verbildung und Umschaffung des positiven Rechts führen. Der Systematiker muß sich also auf eine formale Einheit beschränken, und das Mannigfaltige des positiven Rechts durch Zurückführung auf Arten und Gattungen möglichst zu vereinfachen suchen[74]."

Der problematische Punkt der geschlossenen Argumentation Falcks, die zur Kongruenz von Rechtszustand und Rechtssystem im Begriffe des „Rechts" führt[75], liegt in dem rechtsideologischen Postulat konstanter Objekte rechtlicher Regelungen und deren konstanter Richtigkeit. Es sind dies die Fragen nach dem Wirklichkeitsbezug des Rechts, nach Begriffsjurisprudenz und formalistischer Dogmatik.

Savigny trug dem nur reproduktiven Systemverständnis durch den Entwurf eines „organischen" Prinzips Rechnung. Ein „lebendiges" System mit (auch) geschichtlichen Dimensionen sollte — so das Programm — mit einer sich entwickelnden, als lebensvoll erschauten „Wirklichkeit" harmonieren. Die „Anschauung" (des systemzentralen „Instituts") aber ist letztlich nicht mitteilbar und daher zur Systembildung nicht geeignet[76]. Jede begriffliche Formulierung bringt bereits wegen des axiomatischen Systemcharakters der Sprache[77] eine Affinität zu quasi-axiomatischem Verfahren in das Rechtsdenken ein[78]. Im Ergebnis blieb die historische Schule bekanntlich dem Traditionszusammenhang naturrechtlicher Begriffsbildung und naturrechtlichen „inneren Zusammenhangs" verhaftet[79]. In dieser nicht geglückten Vermittlung[80] liegt der immanent-methodische Bruch, begünstigt durch die Verhältnisbestim-

---

[73] *Feuerbach*, Empirie, 68.
[74] *Thibaut*, System des Pandektenrechts I, 7.
[75] E § 7 (14).
[76] Vgl. *Larenz*, Methodenlehre der Rechtswissenschaft, 424, 428.
[77] *Bochénski*, Die zeitgenössischen Denkmethoden, 93.
[78] Vgl. auch *Klug*, Juristische Logik, 174.
[79] *Wieacker*, Privatrechtsgeschichte, 372 ff. m. w. N.; bes. *Schwarz*, Pandektenwissenschaft und heutiges romanistisches Studium, 99 ff. (100).
[80] *Larenz*, aaO, 12 f.

mung von „Form" und „Stoff", die in der „Form" als „logischem Medium"[81] das gesuchte konstante Element sieht[82]. Hinzu kommt der Gedanke, das System sei wegen der Wesensgleichheit von Rechtsverhältnis, Rechtsinstitut und System nur die höchste Erscheinungsform des Rechts. Diese Gleichsetzung erlaubt es dem Juristen, sich sogleich im System zu bewegen, verdeckt jenen Bruch und verstärkt die Tendenz zu formalistischer Dogmatik.

---

[81] *Savigny*, Juristische Methodenlehre, 37.
[82] Vgl. auch *Feuerbach*, Empirie, 68.

Neuntes Kapitel

Begriffsjurisprudenz, Formalismus und Wirklichkeitsbezug

Falcks Lehre von den allgemeinen Rechtswahrheiten hat nicht nur die Funktion, der Rechtswissenschaft einen bleibenden und daher „würdigen" Gegenstand zu vermitteln. Sie versucht zugleich, den unmittelbaren, geschichtlich ungebrochenen Bezug des Rechts auf die konkrete gesellschaftliche Wirklichkeit zu wahren. Darin liegt — der Intention nach — der signifikante methodische Unterschied zwischen dem „natürlichen" und dem „historischen" Recht. Falck arbeitet ihn heraus, indem er sich gegen den vorweggenommenen Einwand zur Wehr setzt, es bestehe kein Grund, „die angegebenen Bestandtheile des Rechts zu unterscheiden, weil die wissenschaftliche Behandlung beider insoferne nicht verschieden sey, als die historische Jurisprudenz nicht blos die in den geschriebenen Gesetzen und in den Gewohnheiten unmittelbar enthaltenen Vorschriften darzulegen, sondern auch diejenigen Rechtswahrheiten zu entwickeln habe, welche durch Schlüsse und Folgerungen daraus abgeleitet werden können[1], insofern also der Inhalt beider Wissenschaften, ganz oder theilweise durch eine Analyse gegebener Verhältnisse gewonnen werde...". Tatsächlich bestehe zunächst nur ein Unterschied im Objekt der Analyse: Das eine Mal seien es „historische Urkunden oder Zeugnisse", im anderen Fall „die Natur der rechtlichen Verhältnisse"[2]. Diese „Verschiedenheit der Quellen" gebe aber „der Wissenschaft eine ganz entgegengesetzte Richtung". Denn „die Methode der historischen Behandlung kann im Wesentlichen keine andere sein, als eine streng exegetische, welche nicht unmittelbar die Rechtsverhältnisse vor Augen hat, sondern diese lediglich in den gesetzlichen Darstellungen betrachtet. Eine allgemeine Rechtslehre oder natürliche Rechtswissenschaft hingegen muß sich unmittelbar den Rechtsverhältnissen des Lebens zuwenden, und ihre Forschungen nach anderen Regeln leiten"[3].

Es mag sein, daß Falck damit Kritik an der Arbeitsweise der historischen Schule übt. Jedenfalls aber trifft er den Punkt, an dem die Kritik später eingesetzt hat. Über die Formulierung des Prinzips, den gegebenen Stoff „bis zu seiner Entstehung aus des Volkes Natur, Schicksal und

---

[1] Diese Operationen sind nicht mehr Auslegung, vgl. Betrachtungen, 20 f.
[2] Betrachtungen, 14 f.
[3] Betrachtungen, 15.

Bedürfniß" zu verfolgen[4], ist sie nicht hinausgekommen. Ihre praktische Arbeit war nicht „geistesgeschichtlich" und auch nicht soziologisch orientiert[5]. Die Rechtsgeschichte verfolgt selbst eine dogmatisierende Tendenz[6]; Recht war wiederum nur durch Recht bedingt. Auf diese Schwäche zielt die Falcksche Wendung von der exegetischen und also autoritätsgebundenen Verfahrensweise der geschichtlichen Rechtswissenschaft, die die Rechtsverhältnisse nicht unmittelbar, sondern in ihrer geschichtlich verfestigten, juristisch-begrifflichen Gestalt betrachte.

Diese Verfremdung des Geschichtsverständnisses und die Entfremdung des Rechts von der Wirklichkeit sind in der Rechtslehre Savignys angelegt[7].

Das Recht entsteht in der „geistigen Gemeinschaft" des Volkes als einem „Naturganzen"[8]. Dieses Naturganze ist „unsichtbar", doch ein „unaufhaltsamer Trieb" drängt es zur Offenbarung in „sichtbarer und organischer" Einheit, im Staat[9]. Jene Einheit wiederum „geht ... durch die einander ablösenden Geschlechter hindurch"[10]. Das Recht ist dergestalt eine kulturelle Form der Selbstdarstellung und Selbstverwirklichung eines Volkes in der Geschichte. Recht ist daher auch unabhängig vom Leben der gegenwärtigen Volksglieder[11]. Denn seine Erzeugung steht unter dem stets gleichen Gesetz „innerer Kraft und Nothwendigkeit"[12]. So harmoniert den Veränderungen im „natürlichen Entwicklungsprozeß" des Volkes stets ein adäquates Recht. Entwickelt sich aber das Recht als geistiges Gebilde, wurzelnd in der „höheren Natur" des Volkes, organisch mit ihr, notwendig sozialparallel sozusagen, dann hat es der Jurist nicht nötig, fragend auf die jeweilige gesellschaftliche Wirklichkeit zu rekurrieren, er darf sich sogleich auf „das Recht" als deren abbildende Entsprechung stützen[13].

Das im Grunde ungeklärte Verhältnis von Recht und Wirklichkeit schlägt sich im nicht präzis einzuordnenden Begriff des Rechtsinstituts nieder[14]. Unter dem Aspekt der Sprache als Konstituante der „Wirk-

---

[4] *Savigny*, ZgeschRw 1 (1815) 395 f.; vgl. *Wilhelm*, Methodenlehre, 30 ff.
[5] *Müller-Erzbach*, Wohin führt die Interessenjurisprudenz?, 34; *Kantorowicz*, Was ist uns Savigny?, 52 f., 77.
[6] *Jhering*, Geist des römischen Rechts, I, 55 f.; vgl. auch *Viehweg*, Ideologie und Rechtsdogmatik, 94.
[7] *Böckenförde*, Historische Rechtsschule, 16.
[8] *Savigny*, System I, 19.
[9] *Savigny*, aaO, 21 f.
[10] *Savigny*, aaO, 20.
[11] *Savigny*, aaO.
[12] *Savigny*, aaO, 17.
[13] Die Einführung des Volksgeistes in die Rechtstheorie ist demnach nicht, wie noch *v. Gierke* meinte, „ein Ausgangspunkt vertiefter Soziallehre" (Die historische Rechtsschule und die Germanisten, 8).
[14] Zu den verschiedenen Deutungsmöglichkeiten zusammenfassend *Wieacker*, Privatrechtsgeschichte, 398. Herbe Kritik an der Art des „institutionellen" Rechtsdenkens übt *Austin*, Lectures, 1110 f.

lichkeit" betrachtet[15], bedeutet die Figur des Instituts wohl den Versuch, die begriffliche Verkürzung der Wirklichkeit, die mit der Verwendung der eindimensionalen, rational-kategorialen Rechtsbegriffe eintritt, durch deren Einbettung in den Zusammenhang des „Instituts" zu heilen, aufzuheben. So gesehen, gehört der Begriff des „Instituts" überwiegend der intentional-metaphorischen Sprachdimension an. In diesem Sinne bezeichnend ist das Postulat einer Vermittlung durch Wechselwirkung zwischen dem „künstlichen" Prozeß der rechtsbegrifflichen „Abstraction"[16] und dem (intuitiven) Regreß auf die „Totalanschauung" einer „organischen Natur"[17] der Rechtsinstitute. Beide Sprachmomente sind spannungsvoll aufeinander bezogen und drängen zur Konvenienz, zur Aufhebung eines „Misverhältnisses"[18].

Bezeichnend ist auch, welche methodologische Bedeutung dem richterlichen Urteil zukommt. Im Urteil „erscheint" ein (subjektives) Recht „in sichtbarer Gestalt", sein „Daseyn" wird durch den Richter (nur) „anerkannt", veranlaßt durch das „zufällige Bedürfniß" des Rechtsstreits. Bei genauerer Betrachtung erweist sich Savigny das Urteil als lediglich „logische Form" eines Rechts[19]. Jenes Verständnis des Verhältnisses von objektivem Recht, Rechtszustand und gesellschaftlichem Sein bietet keinen Anlaß zu erwägen, ob Recht nicht etwa erst im Urteil „wird". Das Problem der Konkretisierung stellt sich einer Rechtswissenschaft nicht, deren vorzügliches Interesse der generellen Norm, nicht der Entscheidung gilt, und die bereits Begriffe, Sätze und System als Realitäten versteht[20].

Dem fiktiven Charakter jener vorausgesetzten Entsprechung des rechtlich relevanten Sozialgefüges und der im System organisierten Rechtsordnung korrespondiert die Übernahme naturrechtlicher Begriffs- und Systembildung[21]. So legitimiert sich Recht aus sich selbst. Die Rechtsbegriffe gewinnen abschließenden Erkenntniswert, ihre methodengerechte — und das heißt: rational orientierte, logisch-deduktive[22] — Entwicklung verbürgt das richtige Ergebnis. Mit diesem „rechtswissenschaftlichen Positivismus"[23] ist der — kurze — Weg zur Begriffsjurisprudenz Puchtas, Gerbers, Jherings und Labands vorgezeichnet.

---

[15] A. Kaufmann, Die Geschichtlichkeit des Rechts im Lichte der Hermeneutik, 252 ff. (253 f.).
[16] Zur abstrakt-begrifflichen Intention der Sprache des Gesetzes A. Kaufmann, aaO, 269.
[17] Savigny, System I, 44.
[18] Savigny, aaO.
[19] Savigny, aaO, 6. Vgl. dagegen z. B. A. Kaufmann, aaO, 265.
[20] Wieacker, Privatrechtsgeschichte, 433: „Unmittelbare Realität"; vgl. auch v. Lübtow, Reflexionen über Sein und Werden in der Rechtsgeschichte, 17 f.
[21] Der Vermittlungsversuch des Vermittlungsbegriffs „Institut" bleibt nur Versuch.
[22] Böckenförde, Historische Rechtsschule, 21 f.; Wilhelm, Methodenlehre, 67 f.
[23] Wieacker, Privatrechtsgeschichte, 431 ff. m. w. N.

Es ist nur scheinbar ein methodengeschichtliches Paradoxon: Die Lehre Falcks geht von anderen, teilweise konträren Prämissen aus und führt, das deutete sich im Verlaufe der Untersuchung mehrfach an, konsequent zum gleichen Ergebnis — zu Begriffsjurisprudenz und dogmatischem Formalismus.

In jedem Recht, sagt Savigny, sind zwei Elemente aufzufinden: „Ein individuelles, jedem Volke besonders angehörendes, und ein allgemeines, gegründet auf das Gemeinsame der menschlichen Natur[24]." Wer nur das erste Element betrachtet, gelangt zu einem „zufälligen und gleichgültigen" Inhalt des jeweiligen Rechts, verkennt „allen höheren Beruf in ihm". Das andere Extrem knüpft am zweiten Element an und führt zur „Aufstellung eines über allen positiven Rechten schwebenden Normalrechts"[25]. Dem „allgemeinen Element" entspricht die Denkform dessen, „was die Neueren Natur der Sache nennen (aequitas oder naturalis ratio)"[26]. Der naturalis ratio wiederum (als „dem der menschlichen Natur eingepflanzten gemeinsamen Rechtsbewußtseyn"[27]) korrespondiert in der römisch-rechtlichen Gedankenwelt als „nothwendige Folge" „die Unveränderlichkeit" des Rechts. Savignys referierende Interpretation der Natur der Sache[28] zeichnet so die Intentionen Falcks nach.

Savigny erfaßt beide Elemente als sich durchdringend, als in gleichzeitiger und historisch sich entwickelnder „Wechselwirkung" begriffen. Vermittelndes Subjekt dieses kontingenten Integrationsprozesses ist der unsichtbar arbeitende Volksgeist[29]. Hier deutet sich als „unbeliebige" rechtsontologische Struktur ein polares Verhältnis von „Absolutheit und Relativität, Beständigkeit und Entwicklung" an, scheint Recht gemeint zu sein, das ontologisch „Geschichte hat"[30]. Indessen hat, wie die Geschichte des juristischen Formalismus zeigt, nicht einmal Savigny selbst diese Anregung, wie man den Gedanken heute bezeichnen möchte, aufgegriffen. Es bleibt letztlich beim Recht, das — historistisch verstanden — nur in der Geschichte ist, und so bei einem reflexiven Verständnis der Geschichte des Rechts[31].

Falck jedoch löst die gleiche Konkurrenz zwischen positivem Recht und „Naturrecht" anders auf[32]. Er spaltet die Rechtsmaterie in zwei Bereiche, den der „allgemeinen Rechtswahrheiten" und den des histori-

---

[24] *Savigny*, System I, 52.
[25] *Savigny*, aaO, 52 f.
[26] *Savigny*, aaO, 55.
[27] *Savigny*, aaO, 110.
[28] Auf Einzelheiten der Bedeutung von „naturalis ratio" und „rerum natura" kommt es in diesem Zusammenhang nicht an, vgl. dazu *Schambeck*, Der Begriff der „Natur der Sache", 173 ff. m. w. N.
[29] *Savigny*, aaO, 53, 56.
[30] *A. Kaufmann*, Naturrecht und Geschichtlichkeit, 25.
[31] *Böckenförde*, Historische Rechtsschule, 16.
[32] Zu seiner Artikulation des Problems vgl. Betrachtungen, 16, und 4. Kap. 3 a).

schen Rechts. Beide stehen unverbunden nebeneinander. Das „Bleibende" hat mit dem „Zufälligen" nichts gemein. Im Grunde gibt es zweierlei Rechtswissenschaft[33], die „eigentliche" jedoch beschäftigt sich nur mit dem „Ewigen" im Recht. Und da ihm entwicklungsgeschichtliches Denken fremd ist, kann eine Konvergenz niemals stattfinden. Die „allgemeinen Rechtswahrheiten" stehen außerhalb der Geschichte — und nur deshalb sind sie „wahr"[34]. Typischen Beziehungen, die sich in jeder rechtlich organisierten Gemeinschaft nachweisen lassen, kommt, eben weil sie stets identisch sind, ein abschließend formulierbarer rechtlicher Sinn zu. Ihre rechtliche Bewertung ist ein Fixum. Es gibt einen Grundbestand von „Normalrecht"[35] im geltenden Recht. Recht wird insoweit nicht funktionsgebunden verstanden, nicht als flexible Ordnungsmacht, die auf jeweilige geschichtlich-soziale Konstellationen reagiert und daher sowohl an die Situation gebunden ist, als auch auf das gewußte und gelebte Sozialgefüge zurückwirkt. Es hat sich gezeigt, daß die Forderung, sich den Rechtsverhältnissen des Lebens „unmittelbar" zuzuwenden, nicht bedeutet, daß es gelte, die konkreten gesellschaftlichen Bedingungen und Wertvorstellungen zu ermitteln[36]. Da dem konstanten „Factum" die konstante „Regel" korrespondiert und Rechtszustand und System gleichermaßen als „Recht" bezeichnet werden[37], ist der Jurist wiederum — wie bei Savigny — gehalten, sogleich mit rechtlichen Kategorien systemorientiert zu operieren: die Begriffe sind „gegeben". Der in ihnen verdichtete und vom „Lebensverhältniß" abgelöste, „abstrahirte" rechtliche Gehalt ist auf nur logisch-analytischem Wege aufzuschlüsseln[38]. Dem rechtsbegrifflichen oder rechtssatzförmigen Ergebnis dieses Verfahrens kommt ebenfalls selbständige Realität zu. Dies sind die Charakteristika der Begriffsjurisprudenz[39].

In der Enzyklopädie Wenings sind sie in aphorismenhaft glatten Definitionen freigelegt: „Die Wissenschaft hat einen Inhalt, Erkenntnisse, und eine Form, das System. Die Erkenntniß ist Anschauung durch den Begriff. Darum kann man auch sagen, den Inhalt der Wissenschaft machen Begriffe aus. Diese stehen dadurch in Verbindung, daß sie aus einem allgemeineren oder höheren Begriffe abgeleitet, und als Merkmale demselben untergeordnet sind. Die zu solcher Anordnung nöthige und passende Form ist das System[40]."

[33] Betrachtungen, 14: „... der Inhalt beider (!) Wissenschaften", im Zusammenhang zitiert im 1. Absatz dieses Kapitels.
[34] Im Verhältnis zum „historischen" Recht entspricht das dem ontologischen Strukturmodell der „Alternativität", vgl. A. *Kaufmann*, Naturrecht und Geschichtlichkeit, 25.
[35] *Savigny*, System I, 52.
[36] Vgl. 4. Kap. 2 c).
[37] Vgl. 8. Kap.
[38] Vgl. *Böckenförde*, Gesetz, 211 ff.
[39] *Wieacker*, Privatrechtsgeschichte, 430 ff. m. w. N.
[40] *Wening*, Enzyklopädie, 1.

9. Kap.: Begriffsjurisprudenz und Formalismus

Wo sich Savigny noch bemüht, vor dem „täuschenden Schein der logischen Sicherheit" zu warnen[41] und — dies freilich im Grunde nur noch programmatisch — den gleichen systematischen Rang des logischen und des „organischen" Elements zu wahren[42], da formuliert Puchta bereits das streng axiomatisch-deduktive Leitbild der Begriffsjurisprudenz[43]. Er apostrophiert das Recht zwar noch als „organisches Ganzes" und „lebendigen Organismus"[44], reduziert die Methode jedoch offen auf ein formal-logisches Verfahren[45].

Der weitere Prozeß der Ablösung der Rechtswissenschaft von der gesellschaftlichen Wirklichkeit vollzieht sich über die Emanzipation von der Rechtsnorm. Gerber und Jhering, die das von der historischen Schule begonnene Bemühen fortsetzen, die Rechtswissenschaft als „autonom", als unabhängig zu konstituieren, begreifen (in der gemeinsamen Periode der „naturhistorischen" Wissenschaft) die Erscheinungsform des positiven Rechts, die Rechtssätze, als „praktisch", „funktionell" und daher als selbst dem gesellschaftlichen Wechsel unterworfen[46]. Auch davon also mußte man sich freimachen[47]. Erst auf der nächsthöheren Abstraktionsebene der Begriffe findet die Rechtswissenschaft einen beständigen Gegenstand[48]. „In demselben Maße nämlich, in dem die ... Umwandlung des Rechts aus dem niedern Aggregatzustand der Rechtssätze in den höhern der Begriffe vor sich geht, wird jene funktionelle Seite des Rechts dem Blick entrückt[49]." „Rechtssätze" und „Rechtsbegriff" kennzeichnen als unterschiedliche „Aggregatzustände" den Gegensatz zwischen „niederer" und „höherer" Jurisprudenz[50].

Bei Falck fehlt diese offene Differenzierung nach Abstraktionsstufen. Bereits die Norm wird nicht als Funktion wechselnder Lagen angesehen. Das „Rechnen mit Begriffen" legitimiert sich aus der mathematischen Richtigkeit der zu findenden Normen und umgekehrt. Sieht man einmal ab von derartigen Unterschieden — aufs Ganze gesehen, Konstruktionsdetails —, und vergleicht man die Leitgedanken der methodischen Konzeption, so findet man das Schema des wissenschaftlichen Positivismus, das Denken in und mit „realen" Begriffen bereits bei Falck verwirklicht. Es gibt neben der historischen Rechtsschule und,

---

[41] *Savigny*, System I, 323.
[42] *Savigny*, aaO, 292, 386.
[43] Vgl. *Wieacker*, Privatrechtsgeschichte, 400.
[44] *Puchta*, Cursus der Institutionen I, 36, 99.
[45] Landsberg III/2, 453. Zur Entwicklung nach *Savigny* vgl. *Wilhelm*, Methodenlehre, 70 ff.
[46] *Jhering*, Geist des römischen Rechts I, 26, 34, 48, II/2, 384.
[47] *Jhering*, aaO, I, 42. Vgl. die Rede *Jherings* von seinem „wissenschaftlichen Bedürfnis, das etwas Dauerndes, Festes, an sich Wahres begehrte..." (Scherz und Ernst in der Jurisprudenz, 344).
[48] *Jhering*, Geist des römischen Rechts II/2, 359 f.
[49] *Jhering*, aaO, I, 48 f.
[50] *Jhering*, aaO, II/2, 358 f.

9. Kap.: Begriffsjurisprudenz und Formalismus

was den „historischen" Teil des Rechts betrifft, allenfalls oberflächlich beeinflußt von ihr, einen zweiten Zugang zur „juristischen Methode"[51] des 19. Jahrhunderts. Das gilt nicht nur für die Ideologie der Rechtsbegriffe, sondern auch für die damit zusammenhängenden Charakteristika des juristischen Formalismus[52]. Die Ähnlichkeit der wissenschaftstheoretischen Folien ist frappant.

Der „wissenschaftliche Character" besteht nach Falck „in der Vereinigung dieser drei Eigenschaften — Vollständigkeit, Gründlichkeit und Ordnung"[53]. Dabei führt die Fiktion stets gleichbleibender Wertung rechtlicher Sachverhalte konsequent zur Eliminierung aller wertenden Gesichtspunkte; die „Ordnung" wird durch eine logische Verknüpfung analysierbarer Begriffe hergestellt. Jenes spätere Wissenschaftsideal ist die „gewissenhafte und vollständige Feststellung des positiven Rechtsstoffes und die logische Beherrschung desselben durch Begriffe"[54]. Die „juristische Methode" ist die der „reinen" Dogmatik[55]. Wie Falck intendiert man „Rechtswahrheiten"[56]. „Die wissenschaftliche Aufgabe der Dogmatik eines bestimmten positiven Rechts liegt aber in ... der Zurückführung der einzelnen Rechtssätze auf allgemeine Begriffe und andererseits in der Herleitung der aus diesen Begriffen sich ergebenden Folgerungen[57]." Die nuanciert verschiedenen Methoden Falcks und dieser Doktrin stehen einem Vergleich der Grundkonzeptionen nicht entgegen. Zwar ist die typische Arbeitsweise der Hochblüte des wissenschaftlichen Positivismus axiomatisch-deduktiv orientiert, während Falck „analytisch" an einem vergleichsweise „besonderen" Phänomen ansetzt. Aber auch jener Positivismus bedient sich des Verfahrens, Sätze aus der „Natur der Sache" und, näher noch, aus der „Eigenart des Rechtsverhältnisses" abzuleiten[58]. So sind die Akzente nur vordergründig verschieden gesetzt.

Zur Lösung jener dogmatischen Aufgabe „gibt es kein anderes Mittel als die Logik; dieselbe läßt sich für diesen Zweck durch nichts ersetzen; alle historischen, politischen und philosophischen Betrachtungen ... sind für die Dogmatik eines konkreten Rechtsstoffes ohne Belang ..."[59]. So sind zum Beispiel Lücken des (Verfassungs-)Rechts durch eine nur

---

[51] *Laband*, Das Staatsrecht des deutschen Reiches, I, Vorwort zur 2. Aufl. 1887, X.
[52] Die Bezeichnungen „wissenschaftlicher Positivismus" und „juristischer Formalismus" werden hier auf die gleiche Denkweise bezogen, vgl. den terminologischen Vorschlag *Wieackers*, Privatrechtsgeschichte, 432 FBn. 7 a. E.
[53] E § 20 (35).
[54] *Laband*, aaO, IX.
[55] Vgl. *Wilhelm*, Methodenlehre, 7 ff.
[56] *Laband*, Budgetrecht, 75.
[57] *Laband*, Das Staatsrecht des deutschen Reiches I, IX.
[58] *Wieacker*, Privatrechtsgeschichte, 433 FBn. 8 m. w. N.
[59] *Laband*, Das Staatsrecht des deutschen Reiches I, IX.

„logische Operation" zu schließen[60], anknüpfend bei allgemeinen Rechtsgrundsätzen.

Es geht um den Charakter der Jurisprudenz als einer exakten Wissenschaft. Mathematisches Denken gewinnt wieder die Vorherrschaft. „Ethische, politische oder volkswirtschaftliche Erwägungen" sind, nach einem bekannten ideengeschichtlichen Theorem (1884), „nicht Sache des Juristen als solchen"[61] (sie sind allerdings Sache des Gesetzgebers, sowohl bei Windscheid[62], als auch schon bei Falck[63]). Rechtspolitik gilt als „unwissenschaftlich"[64]. Es sind eben jene drei „teleologisch" orientierten Arbeitsweisen, die Falck, wie die Untersuchung seiner Methode ergeben hat, als nicht zur Thematik der „Rechtswissenschaft" gehörig nachweist. Rechtswissenschaft ist gleichbedeutend mit Dogmatik des geltenden Rechts.

Die Geschichte ist nach dem Zwischenspiel der historischen Schule abermals zur Beispielsammlung geworden, zum Beleg für begrifflich konstruierte Rechtserkenntnisse[65] — zur „Hilfswissenschaft", wie man jetzt wieder formuliert[66]. Die kennzeichnenden Topoi des für Falck aufgezeigten, traditionsreichen Geschichtsverständnisses[67] lassen sich durchgängig verfolgen. Das „historisch Entstandene" trägt „den Charakter des Zufälligen, des Willkürlichen und des Veränderlichen"[68]. Was auf „rationellen Gründen, auf allgemeinen Rechtsprinzipien" beruht, ist ungleich höher zu schätzen als das, was „lediglich... historischen Ursachen" sein Dasein verdankt[69]. Geschichte und Dogmatik werden als zwei unverträgliche Arten des Arbeitens im Recht streng geschieden[70]; es sind dies, wie Falck es nennt, zwei Wissenschaften.

Ebenso pointiert fordert man, politische Aspekte von rechtlicher Betrachtung fernzuhalten[71]. Im Zivilrecht, wo die Politik ohnehin nur als Rechtspolitik verstanden wird, versteht sich das nach dem Ausschluß aller teleologischen und zetetischen Argumentation nahezu von selbst. Die Frage nach zweckmäßiger Gestaltung verträgt sich nicht mit der

---

[60] *Laband*, Budgetrecht, 76.
[61] *Windscheid*, Gesammelte Reden und Abhandlungen, 111.
[62] *Flume*, Richter und Recht, K 17 f.
[63] Vgl. 5. Kap. 2).
[64] *Coing*, Rechtspolitik und Rechtsauslegung in 100 Jahren deutscher Rechtsentwicklung, B 5 m. w. N.
[65] *v. Gierke*, Labands Staatsrecht und die deutsche Rechtswissenschaft, Jahrb. f. Gesetzgebung, Verwaltung und Volkswirtschaft im deutschen Reich, 7 (1883) 1114.
[66] *Wieland*, Die historische und die kritische Methode in der Rechtswissenschaft, 5 f.
[67] Vgl. 7. Kap. a. E.
[68] *Laband*, Das Staatsrecht des deutschen Reiches I, 365.
[69] *Laband*, aaO, IV, 2. Zur typischen Bedeutung des „lediglich" Historischen vgl. 7. Kap. a. E.
[70] *Gerber*, Grundzüge des deutschen Staatsrechts, V f., 10.
[71] Vgl. *Wilhelm*, Methodenlehre, 141 FBn. 45.

9. Kap.: Begriffsjurisprudenz und Formalismus

logischen Analyse einer „juristischen Natur". Ansonsten geht es nun ebensowenig wie bei Falck darum, den „praktischen" Wert der Politik schlechthin zu verneinen[72]. Sie gilt nur nicht als spezifisch rechtliche Denkform. Schon bei Falck ist deutlich geworden, daß diese Entscheidung letztlich einem konservativ-retardierenden Verständnis des Verhältnisses von Staat und Gesellschaft entspricht[73].

Die Ausgrenzung ethischer Wertmaßstäbe schließlich ist für die Pandektenwissenschaft deshalb haltbar und — zunächst — unschädlich, weil sie das Bewußtsein von einer wirkungskräftigen autonomen Freiheitsethik voraussetzt[74]. Die Rechtstheorie Falcks steht nicht anders als die des späteren wissenschaftlichen Positivismus vor dem Hintergrund einer intakten Sittenlehre, die nicht ohne Einfluß auf die Begriffsbildung bleibt. Bei ihm allerdings ist dies nicht unverfälscht und gar nicht in erster Linie die formale Pflichtethik Kants. Sie wird überlagert von der Lebenskraft naturrechtlicher praktischer Sozialphilosophie[75].

So markiert die Anschauung Falcks von der Rechtswissenschaft und ihrer Methode eine Position, die das deutsche Rechtsdenken in seinem Hauptstrom erst über die historische Schule erreicht hat. Die Grundlinien des Falckschen Konzepts weisen in die Zeit der Aufklärung und des Vernunftrechts zurück. Zugleich bleibt es nahezu unberührt von alledem, was die rechtshistorischen und methodischen Charakteristika der historischen Schule Savignyscher Prägung ausmacht. Es ist dies vielmehr eine Entwicklungslinie, die unmittelbar zum wissenschaftlichen Positivismus und juristischen Formalismus des 19. Jahrhunderts führt.

---

[72] *Wilhelm*, aaO, 141 ff.
[73] Vgl. 5. Kap. 2) und *Wieacker*, Privatrechtsgeschichte, 439 Fßn. 25.
[74] *Wieacker*, aaO, 441 f.
[75] Vgl. 4. Kap. 3 a).

Quellen und Literatur

A. Falcks Werke

I. Selbständige Schriften und Editionen
(chronologisch geordnet)

De historiae inter Graecos origine et natura. Dissertation zur Erlangung der Doktorwürde der philosophischen Fakultät Kiel, 1808.

Kieler Blätter, 7 Bände, 1815—1819. Gegründet mit Dahlmann, Welcker, Hegewisch, Pfaff, Niemann, Reimer, Twesten, Weber, Wiedemann, Berger, Cramer.

Kieler Beyträge (Forts. der Kieler Blätter), 2 Bände, 1820—1821.

Das Herzogthum Schleswig in seinem gegenwärtigen Verhältniß zu dem Königreich Dänemark und zu dem Herzogthum Holstein. Nebst Anhang über das Verhältniß der Sprachen im Herzogthum Schleswig, Kiel 1816.

(Hrsg.) Über die staatsrechtliche Verbindung der Herzogthümer Schleswig und Holstein, und über die Ansprüche beider Länder auf eine ständische Verfassung. Aus dem Französischen durch Prof. Schlegel, mit Anmerkungen von N. Falck, Kiel 1816.

Schreiben an den Herrn Consistorialrat Boysen, R. v. D. in Borsfleth, über seine neulich erschienenen Theses. Angehängt eine Erklärung des Herrn Candidaten Wehner, die Kinderlehre des Herrn Pastor Harms betreffend, Kiel 1817.

Von den Vorzügen der freiwilligen Armenpflege. Eine Rede, Kiel 1818.

(Hrsg.) Das Jütische Low aus dem Dänischen übersetzt von Blasius Eckenberger mit einer hochdeutschen Übersetzung, den Artikeln Tord Degns und einigen Anmerkungen von N. Falck, Altona 1819.

(Hrsg.) Heimreich, Anton, Nordfriesische Chronik. Zum dritten Male mit den Zugaben des Verfassers und der Fortsetzung seines Sohnes Heinrich, auch einigen anderen zur nordfriesischen Geschichte gehörigen Nachrichten vermehrt, herausgegeben von N. Falck, Tondern 1819.

(Hrsg.) Sammlung zur nähern Kunde des Vaterlandes, in historischer, statistischer und staatswirthschaftlicher Hinsicht, 3 Bände, Altona 1819—1825.

Staatsbürgerliches Magazin mit besonderer Rücksicht auf Schleswig, Holstein und Lauenburg, 10 Bände, 1821—1831 (Mitherausgeber K. F. Carstens).

Neues Staatsbürgerliches Magazin, 10 Bände, 1833—1841.

Archiv für Geschichte, Statistik, Kunde der Verwaltung und Landesrecht, 4 Bände, 1842—1847.

Juristische Encyclopädie, auch zum Gebrauch bei academischen Vorlesungen, 1. Aufl. Kiel 1821; 2. Aufl. Kiel 1825; 3. Aufl. Kiel 1831; 4. Aufl. Leipzig 1839; 5. Aufl. Kiel 1851.

Die 4. Aufl. wurde ins Französische übersetzt: Cours d'introduction générale à l'etude du droit ou Encyclopédie juridique, par N. Falck, traduite de l'allemand sur la 4e édition et annoteé par C.-A. Pettat, Paris 1841.

Nach Warnkönig, Enzyklopädie, 364, veranstalteten Ruperto Navarro Zamorano und Rafael Joaquim de Lara eine spanische Bearbeitung von Falcks Juristischer Encyclopädie, die jedoch nicht zu bibliographieren war.

Auszugsweise wurde Falcks Enzyklopädie auch ins Englische übersetzt: William Hastie, Outlines of the Science of Jurisprudence. Translated and edited from the Juristic Encyclopaedias of Puchta, Friedländer, Falck, and Ahrens, Edinburg 1887.

(Hrsg.) William Blackstone, Handbuch des englischen Rechts, ein Auszug mit den neueren englischen Gesetzen und Entscheidungen von J. Gifford, aus dem Englischen von H. F. K. v. Colditz, mit einer Vorrede herausgegeben von N. Falck, 2 Bände, Schleswig 1822—1823.

Handbuch des Schleswig-Holsteinischen Privatrechts, Altona, Band 1 1825, Band 2 1831, Band 3 1. Abt. 1835, Band 3 2. Abt. 1838, Band 4 1840, Band 5 1. Abt. 1848.

(Hrsg.) Actenstücke, betreffend die preußische Agende. Mit einem Vorwort von N. Falck, Kiel 1826.

Eranien zum deutschen Recht. 1. Lieferung von H. F. Ph. v. Dalwigk, Heidelberg 1825, 2. und 3. Lieferung von N. Falck, Heidelberg 1826—1828 (zitiert Eranien).

(Hrsg.) C. v. Schirach, Handbuch des Schleswig-Holsteinischen Criminalrechts und Processes. Mit einem Vorwort und Anmerkungen von N. Falck, Altona 1828.

(Hrsg.) Über das Wesen und die Geschichte der preußischen Provincialstände. 2 Abhandlungen von C. G. N. David und A. F. v. Tscherning. Aus dem Dänischen übersetzt, mit einem Vorwort herausgeben von F. Falck, Schleswig 1831.

(Hrsg.) Landesrechtliche Erörterungen. Eine Sammlung älterer Disputationen und anderer kleiner Schriften, die zur Erläuterung der Schleswig-Holsteinischen Landesrechte dienen, Schleswig 1831.

Gedächtnisrede bei der Totenfeier König Frederik VI am 16. 1. 1840, Kiel 1840.

Die historischen Landesrechte in Schleswig-Holstein, urkundlich, Kiel 1842.

(Hrsg.) C. G. N. David, Über die neueren Versuche zur Verbesserung der Gefängnisse und Strafanstalten, aus dem Dänischen übersetzt, mit einem Vorwort von N. Falck, Kiel 1842.

(Hrsg.) C. F. Allen, Geschichte des Königreichs Dänemark. Mit steter Rücksicht auf die innere Entwickelung in Staat und Volk, aus dem Dänischen übersetzt, mit genealogischen Tabellen und einem Sach- und Namensregister vermehrt und einem Vorwort begleitet von N. Falck, Kiel 1842.

(Hrsg.) J. Greve, Geographie und Geschichte der Herzogthümer Schleswig und Holstein, mit einem Vorwort von N. Falck, Kiel 1845.

(Hrsg.) Staats- und Erbrecht des Herzogthums Schleswig, Hamburg 1846 (Mitherausgeber Droysen, Stein, Tönsen, Waitz u. a.).

(Hrsg.) Sammlung der wichtigsten Urkunden, welche auf das Staatsrecht der Herzogthümer Schleswig und Holstein Bezug haben, Kiel 1847.

Beyträge zur Geschichte der Schleswig-Holsteinischen Landwirtschaft, Kiel 1847.

(Hrsg.) Chr. v. Stemann, Die Jury in Strafsachen, mit einem Vorwort von N. Falck, Hamburg 1847.

Wie der Friede mit Dänemark herbeizuführen und unter welchen Bedingungen er abzuschließen sey, o. O. 1850 (anonym erschienen).

II. Abhandlungen in Zeitschriften[1]

Über die Grundbedingungen eines festen kirchlichen Vereins, Kieler Blätter 1 (1815) 89 ff.

Allgemeine Betrachtungen über Gesetzgebung und Rechtswissenschaft, Kieler Blätter 6 (1819) 1 ff. (zit.: Betrachtungen).

Über Adel und Bundestag. An Herrn Fr. Perthes in Hamburg, Kieler Blätter 7 (1819) 133 ff.

Juristische Literatur in Dänemark, in: Historisch-juristische Analecten, Kieler Beyträge 1 (1820) 173 ff. (148 ff.) (zit.: Historisch-juristische Analecten).

Miscellen, 2. Dänische Litteratur, Kieler Beyträge 2 (1821) 469 ff. (zit.: Miscellen).

Einige allgemeine juristische Betrachtungen, Archiv für Geschichte, Statistik, Kunde der Verwaltung und Landesrecht, 4 (1845) 213 ff. (zit.: Allg. juristische Betr.).

B. Handschriften

Berlin
Staatsbibliothek Preußischer Kulturbesitz, früher Preußische Staatsbibliothek
Sammlung Darmstadt 2 h 1821,
2 Briefe Falcks an Jhering (1848), unadressierter Brief Falcks an den (?) preußischen Kultusminister (1817).
Nachlaß Grimm 988,
5 Briefe Falcks an Jacob Grimm (1819—1838)[2].
Heidelberg
Universitätsbibliothek Heidelberg
Hs. 2746
21 Briefe Falcks an Karl Joseph Anton Mittermaier (1833—1847).
Hs. 1425
Juristische Encyclopädie, dictiert von Karl Friedrich von Löw, nachgeschrieben von stud. iur. Josef Mallebrein im WS 1831/32.
Kopenhagen
Königliche Bibliothek
Nks. 3101, 4°
125 Briefe Falcks an Kolderup-Rosenvinge (1818—1847)[3].
Zitierweise: Ort der Bibliothek und dort gebräuchliche Signatur.

C. Quellen

Aristoteles: Metaphysik, übers. u. erl. v. Eugen Rolfes, 2. verb. Aufl., Halbbd. 1.2, Leipzig 1920—1921.
— Nikomachische Ethik, hrsg. v. Ernst Grumach, fortgeführt v. Hellmut Flashar, übers. v. Franz Dirlmeier, Berlin 1956 (zit.: Nik. Ethik).

---

[1] Diese Aufsätze wurden als Quellen verwendet. Die übrigen — zahlreichen — Abhandlungen Falcks sind verzeichnet bei *Alberti,* Lexikon der Schleswig-Holstein-Lauenburgischen und Eutinischen Schriftsteller von 1829 bis Mitte 1866, 1. Abt. A—L, Kiel 1867, 198 ff.

[2] 2 Briefe vom 24. 4. 1819 und 4. 1. 1829 sind auszugsweise abgedruckt bei *Hübner,* Jacob Grimm und das deutsche Recht, 120 ff.

[3] 12 Briefe sind (vollständig oder im Auszug) abgedruckt bei *Liepmann,* von Kieler Professoren, Briefe aus drei Jahrhunderten zur Geschichte der Universität Kiel, Stuttgart und Berlin 1916.

Aristoteles: Poetik, übers. u. erl. v. Adolf Stahr, Langenscheidts Bibliothek Bd. 22, 5. Aufl., Berlin-Schöneberg ca. 1930.

Austin, John: Lectures on Jurisprudence or The Philosophy of Positive Law, revised and ed. by Robert Campbell, 2 Bde, 5. Aufl., London 1885 (zit.: Lectures).

Beseler, Georg: Volksrecht und Juristenrecht, Leipzig 1843.
— System des gemeinen deutschen Privatrechts, Bd. 1, 1. Aufl., Leipzig 1847.

Eichhorn, Karl Friedrich: Einleitung in das deutsche Privatrecht mit Einschluß des Lehensrechts, 4. Aufl., Göttingen 1836 (zit.: Einleitung in das deutsche Privatrecht).
— Über das geschichtliche Studium des deutschen Rechts, ZgeschRw 1 (1815) 124 ff.

Encyclopédie, ou dictionnaire raisonné des sciences, des art et des métiers, Tom. 1, Paris 1751, Tom. 12, Paris 1765.

Feuerbach, Paul Johann Anselm: Kritik des natürlichen Rechts als Propädeutik zu einer Wissenschaft der natürlichen Rechte, Altona 1796, Nachdr. Hildesheim 1963 (zit.: Kritik).
— Über Philosophie und Empirie in ihrem Verhältnis zur positiven Rechtswissenschaft, Landshut 1804, unver. repr. Nachdr. Darmstadt 1969, mit einem Vorwort von Wolfgang Naucke (zit.: Empirie).
— Blick auf die deutsche Rechtswissenschaft, Vorrede zu Unterholzner, Juristische Abhandlungen, München 1810, abgedr. in und zit. nach: Die hohe Würde des Richteramts u. a., hrsg. v. Erik Wolf, Frankfurt a. M. 1948, 22 ff.
— Einige Worte über historische Rechtsgelehrsamkeit und einheimische deutsche Gesetzgebung, Vorrede zu Nepomuk Borst, Über die Beweislast im Civilproceß, Leipzig 1816, abgedr. u. zit. nach: Die hohe Würde des Richteramts u. a., hrsg. v. Erik Wolf, Frankfurt a. M. 1948, 11 ff.

Friedländer, Alexander: Juristische Encyclopädie oder System der Rechtswissenschaft, Heidelberg 1847 (zit.: Enzyklopädie).

v. Gerber, Carl Friedrich: Das wissenschaftliche Princip des gemeinen deutschen Privatrechts, Jena 1846 (zit.: Prinzip).
— System des Deutschen Privatrechts, 8. Aufl., Jena 1863, und 12. Aufl., Jena 1875.
— Grundzüge des Deutschen Staatsrechts, 3. Aufl., Leipzig 1880.

Gmeiner, Franz Xaver: Das allgemeine Lehnrecht in wissenschaftlicher Lehrart vorgetragen, Grätz 1795.

Grimm, Jacob: Über den Wert der ungenauen Wissenschaften, in: Kleinere Schriften, Bd. 8, Berlin-Gütersloh 1890, 563 ff.

Grotius, Hugo: De iure belli ac pacis libri tres, in quibus naturae et gentium, item iuris publici explicantur, Paris 1625.

Hattenhauer, Hans und *Buschmann*, Arno: Textbuch zur Privatrechtsgeschichte der Neuzeit mit Übersetzungen, München 1967.

Hugo, Gustav: Lehrbuch der juristischen Encyclopädie zum ersten mündlichen Unterrichte, 1. Aufl. Berlin 1792, 2. Aufl. Berlin 1799 und 8. Aufl. Berlin 1835 (zit.: Enzyklopädie).
— Lehrbuch des Naturrechts als einer Philosophie des positiven Rechts, 4. Aufl. Berlin 1819 (zit.: Philosophie des positiven Rechts) und 2. Aufl. Berlin 1799 (zit.: Philosophie des positiven Rechts, 2. Aufl. 1799).
— Lehrbuch der Geschichte des römischen Rechts bis auf Justinian, 3. Aufl. Berlin 1806.
— Beyträge zur civilistischen Bücherkenntniß der letzten vierzig Jahre, aus den Göttingischen gelehrten Anzeigen und den Vorreden, besonders zu den

Theilen des Civilistischen Cursus, zusammen abgedruckt und mit Zusätzen begleitet, 2. Bd. (1808—1827), Berlin 1829.
v. *Jhering,* Rudolf: Geist des römischen Rechts auf verschiedenen Stufen seiner Entwicklung, Darmstadt, 1. Teil 9. Aufl. 1953, 2. Teil 1. Abt., 2. Teil 2. Abt., 3. Teil 8. Aufl. 1954 (zit.: Geist des römischen Rechts).
— Scherz und Ernst in der Jurisprudenz, 2. Aufl. Leipzig 1885.
Kant, Immanuel: Grundlegung zur Metaphysik der Sitten, Riga 1785, hrsg. v. Wilhelm Weischedel, I. Kant, Werke in 6 Bänden, Band 4, Schriften zur Ethik und Religionsphilosophie, Darmstadt 1956, 11 ff.
— Metaphysik der Sitten, Königsberg 1797, hrsg. v. Wilhelm Weischedel, I. Kant, Werke in 6 Bänden, Bd. 4, Schriften zur Ethik und Religionsphilosophie, Darmstadt 1956, 303 ff.
Kierulff, Johann Friedrich: Theorie des gemeinen Civilrechts, Altona 1839.
Laband, Paul: Das Staatsrecht des Deutschen Reiches, 5. Aufl. Tübingen 1911.
— Das Budgetrecht nach den Bestimmungen der preußischen Verfassungsurkunde unter Berücksichtigung der Verfassung des norddeutschen Bundes, Berlin 1871 (zit.: Budgetrecht).
Puchta, Georg Friedrich: Cursus der Institutionen, hrsg. v. Rudorff, Bd. 1, Leipzig 1856.
Reitemeier, Johann Friedrich: Encyclopädie und Geschichte der Rechte in Deutschland. Zum Gebrauch academischer Vorlesungen, Göttingen 1785 (zit.: Enzyklopädie).
Reyscher, August Ludwig: Über den Zweck dieser Zeitschrift, ZdtR 1 (1839) 1 ff.
— Über das Daseyn und die Natur des deutschen Rechts, ZdTR 1 (1839) 11 ff.
— Die Einheit des gemeinen deutschen Rechts, ZdtR 9 (1845) 337 ff.
Rousseau, Jean Jacques: Emile ou de l'education, Oeuvres complétes, Tom. 4, Paris 1829 (zit.: Emile).
v. *Savigny,* Friedrich Carl: Juristische Methodenlehre, nach der Ausarbeitung des Jacob Grimm hrsg. v. Gerhard Wesenberg, Stuttgart 1951.
— Vom Beruf unserer Zeit für Gesetzgebung und Rechtswissenschaft, Heidelberg 1814, abgedr. in u. zit. nach: Jacques Stern, Thibaut und Savigny, Berlin 1914, 69 ff.
— System des heutigen Römischen Rechts, Bd. 1, Berlin 1840 (zit.: System I).
— Über den Zweck dieser Zeitschrift, ZgeschRw 1 (1815) 1 ff.
— Rezension: v. Gönner, Über Gesetzgebung und Rechtswissenschaft in unserer Zeit, ZgeschRw 1 (1815) 373 ff.
— Stimmen für und wider neue Gesetzbücher, ZgeschRw 3 (1817) 1 ff.
— Rezension: Lehrbuch der Geschichte des Römischen Rechts von Gustav Hugo, 2. Ausg. Berlin 1799, 3. Ausg. Berlin 1806, Vermischte Schriften Bd. 5, Berlin 1850, 1. ff. (zit.: Vermischte Schriften V).
Schmalz, Theodor: Handbuch der Rechtsphilosophie, Halle 1807.
Seidensticker, Johann Anton Ludwig: Juristische Fragmente, 1. Teil, Göttingen 1802.
Stahl, Friedrich Julius: Die Philosophie des Rechts, 5. unver. Aufl. Tübingen 1878, Bd. 1, Bd. 2 1. u. 2. Abt., Nachdr. Darmstadt 1963.
v. *Stein,* Lorenz: Zur Charakteristik der heutigen Rechtswissenschaft, Dtsch. Jb. Wiss. u. Kunst 4 (1841) 365 ff.
Stern, Jacques: Thibaut und Savigny. Zum 100jährigen Gedächtnis des Kampfes um ein einheitliches bürgerliches Recht für Deutschland, Berlin 1914.

Thibaut, Anton Friedrich Justus: Juristische Encyclopädie und Methodologie, Altona 1797 (zit.: Enzyklopädie).
— Theorie der logischen Auslegung des römischen Rechts, Altona 1806, mit einer Einleitung hrsg. v. Lutz Geldsetzer, Düsseldorf 1966.
— System des Pandektenrechts, 3 Bde, 3. Aufl. Jena 1809.
— Über die Nothwendigkeit eines allgemeinen bürgerlichen Rechts für Deutschland, Heidelberg 1814, abgedr. in u. zit. nach: Jacques Stern, Thibaut und Savigny, 35 ff.
— Civilistische Abhandlungen, Heidelberg 1814.
— Über die sogenannte historische und nichthistorische Rechtsschule, AcP 21 (1838) 391 ff.
Trendelenburg, Friedrich Adolf: Das Naturrecht auf dem Grunde der Ethik, Leipzig 1860.
Verhandlungen der Germanisten zu Lübeck am 27., 28. und 30. September 1848, Lübeck 1848.
Warnkönig, Leopold August: Versuch einer Begründung des Rechts durch eine Vernunftidee. Ein Beitrag zu den neueren Ansichten über Naturrecht, Rechtsphilosophie, Gesetzgebung und geschichtliche Rechtswissenschaft, Bonn 1819 (zit.: Versuch).
— Rechtsphilosophie als Naturlehre des Rechts, Freiburg i. Br. 1839, unver. repr. Nachdr. Aalen 1969.
— Juristische Encyclopädie oder organische Darstellung der Rechtswissenschaft mit vorherrschender Rücksicht auf Deutschland, Erlangen 1853 (zit.: Enzyklopädie).
Welcker, Karl Theodor: Die letzten Gründe von Recht, Staat und Strafe, Gießen 1813, unver. repr. Nachdr. Aalen 1964.
Wening-Ingenheim, Johann Nepomuk: Lehrbuch der Encyclopädie und Methodologie der Rechtswissenschaft, Landshut 1821 (zit.: Enzyklopädie).
Windscheid, Bernhard: Gesammelte Reden und Abhandlungen, hrsg. v. Paul Oertmann, Leipzig 1904.
Wolff, Christian: Wie die bürgerliche Rechtsgelehrsamkeit nach einer beweisenden Lehrart einzurichten sey, in: Gesammelte kleine philosophische Schriften, Bd. 3, Halle 1737, 599 ff.

D. Schrifttum über Falck
(in zeitlicher Reihenfolge)

Ratjen, Henning: Nikolaus Falck, Nekrolog, Akademische Monatsschrift, Centralorgan für die Gesammtinteressen deutscher Universitäten, Leipzig 1850, 371 ff., Sonderdruck Kiel 1851 (zit.: Nekrolog).
Alberti, Eduard: Lexikon der Schleswig-Holstein-Lauenburgischen und Eutinischen Schriftsteller von 1829 bis Mitte 1866, 1. Abt. A—L, Kiel 1867, 198 ff.
Allgemeine Deutsche Biographie, Bd. 6, Leipzig 1877, 539 ff. (Verf. A. L. J. Michelsen) (zit.: ADB [Michelsen]).
Brockhaus, Friedrich: Nikolaus Falck. Eine akademische Gedächtnisrede, Kiel 1884.
Landsberg, Ernst: Geschichte der deutschen Rechtswissenschaft, Abt. III/2, München - Leipzig 1910 (zit.: Landsberg III/2 bzw. Landsberg III/2 [Noten]).
Liepmann, Moritz: Von Kieler Professoren, Briefe aus drei Jahrhunderten zur Geschichte der Universität Kiel, Stuttgart und Berlin 1916.

Carstens, Werner: Nikolaus Falck, Schleswig-Holsteinisches Jahrbuch 1924, 71 ff.
Petersen, Carl: Nicolaus Falck und die Entstehung des schleswig-holsteinischen Gedankens, Veröffentlichungen der schleswig-holsteinischen Universitätsgesellschaft Nr. 10, Jahrbuch 1926, 1 ff.
Brandt, Otto: Geistesleben und Politik in Schleswig-Holstein um die Wende des 18. Jahrhunderts, Stuttgart, Berlin u. Leipzig 1925, 2. Aufl. ebda. 1927.
Volbehr, Friedrich: Professoren und Dozenten der Christian-Albrecht-Universität zu Kiel, 3. Aufl. bearb. v. Richard Weyl, Kiel 1934, 44 f.
Dansk Biografisk Leksikon, begr. v. C. F. Bricka, bearb. v. Paul Engelstoft, Bd. 6, Kopenhagen 1935, 563 ff.
Wohlhaupter, Eugen: Die Spruchtätigkeit der Kieler juristischen Fakultät von 1665—1879, SZGerm. 58 (1938) 752 ff.
— Nikolaus Falck und die historische Rechtsschule, HistJb 59 (1939) 388 ff.
Petersen, Carl: Nicolaus Falcks politische Wandlung in den Jahren der Reaktion 1819—1834, Zeitschrift für schleswig-holsteinische Geschichte 68 (1939) 243 ff.
— N. Falck und die schleswig-holsteinische Bewegung, Kieler Blätter (n. F.) 1939, 237 ff.
Wohlhaupter, Eugen: Geschichte der juristischen Fakultät, in: Festschrift zum 275jährigen Bestehen der Christian-Albrecht-Universität Kiel, Kiel 1940, 48 ff. (82).
Döhring, Erich: Geschichte der deutschen Rechtspflege seit 1500, Berlin 1953, 391.
— Geschichte der juristischen Fakultät 1665—1965, Geschichte der Christian-Albrecht-Universität Kiel 1665—1965, Bd. 3 Teil 1, Neumünster 1965, 108 ff.

E. Literaturverzeichnis

Agnelli, Arduino: John Austin alle origini del positivismo giuridico, Torino 1959.
Bärmann, Johannes: Zur Methode des Vernunftrechts. Zugleich ein Beitrag zur Geschichte der Rezeption des Code civil in der Pfalz, in: Festschrift zum 150jährigen Bestehen des Oberlandesgerichts Zweibrücken, Wiesbaden 1969, 3 ff. (zit.: Bärmann, Zur Methode des Vernunftrechts).
Bauer, Gerhard: „Geschichtlichkeit". Wege und Irrwege eines Begriffs, Berlin 1963.
Behrens, Dietrich: Begriff und Definition in den Quellen, SZRom. 74 (1957) 352 ff.
Bergbohm, Karl: Jurisprudenz und Rechtsphilosophie, Leipzig 1892.
Beseler, Georg: Erlebtes und Erstrebtes 1809—1859, Berlin 1884.
Betti, Emilio: Das Problem der Kontinuität im Lichte der rechtshistorischen Auslegung, Wiesbaden 1957.
Binder, Julius: Über kritische und metaphysische Rechtsphilosophie, Archiv für Rechts- und Wirtschaftsphilosophie 9 (1915/16) 18 f., 142 f., 267 f.
Bocheński, Joseph Maria: Die zeitgenössischen Denkmethoden, 2. Aufl. München 1959.
Bockelmann, Paul: Einführung in das Recht, München 1963.
Böckenförde, Ernst-Wolfgang: Gesetz und gesetzgebende Gewalt. Von den Anfängen der deutschen Staatsrechtslehre bis zur Höhe des staatsrechtlichen Positivismus, Berlin 1958 (zit.: Böckenförde, Gesetz).

Böckenförde, Ernst-Wolfgang: Die deutsche verfassungsgeschichtliche Forschung im 19. Jahrhundert, Berlin 1961 (zit.: Böckenförde, Verfassungsgeschichtliche Forschung).
— Rezension von Walter Wilhelm, Zur juristischen Methodenlehre im 19. Jahrhundert, ARSP 48 (1962) 249 ff.
— Die Historische Rechtsschule und das Problem der Geschichtlichkeit des Rechts, in: Collegium Philosophicum, Studien, Joachim Ritter zum 60. Geburtstag, Basel/Stuttgart 1965, 9 ff. (zit.: Böckenförde, Historische Rechtsschule).
Buschmann, Arno: Ursprung und Grundlagen der geschichtlichen Rechtswissenschaft. Untersuchungen zur Rechtslehre Gustav Hugos, Diss. jur. Münster 1963 (zit.: Buschmann, Ursprung und Grundlagen der geschichtlichen Rechtswissenschaft).
Canaris, Claus-Wilhelm: Die Feststellung von Lücken im Gesetz, Berlin 1964.
— Systemdenken und Systembegriff in der Jurisprudenz, Berlin 1969.
Cassirer, Ernst: Die Philosophie der Aufklärung, Tübingen 1932.
Coing, Helmut: Geschichte und Bedeutung des Systemgedankens in der Rechtswissenschaft, Frankfurt a. M. 1956 (zit.: Coing, Systemgedanke).
— Rechtspolitik und Rechtsauslegung in 100 Jahren deutscher Rechtsentwicklung, Verhandlungen des 43. Deutschen Juristentages, Bd. 2, Tübingen 1960, B 1 ff.
Conrad, Hermann: Aus der Entstehungszeit der historischen Rechtsgeschichte. C. v. Savigny und J. Grimm, SZGerm. 65 (1947) 261 ff.
Conze, Werner: Das Spannungsfeld von Staat und Gesellschaft im Vormärz, in: Staat und Gesellschaft im deutschen Vormärz 1815—1848, hrsg. v. Werner Conze, Stuttgart 1962, 207 ff.
Diesselhorst, Malte: Ursprünge des modernen Systemdenkens bei Hobbes, Stuttgart/Berlin/Köln/Mainz 1968.
— Die Natur der Sache als außergesetzliche Rechtsquelle verfolgt an der Rechtsprechung zur Saldotheorie, Tübingen 1968 (zit.: Diesselhorst, Natur der Sache).
Dilcher, Gerhard: Gesetzgebungswissenschaft und Naturrecht, JZ 1969, 1 ff.
Dilthey, Wilhelm: Das achtzehnte Jahrhundert und die geschichtliche Welt, Gesammelte Schriften Bd. 3, 2. Aufl. Stuttgart/Göttingen 1959, 209 ff.
— Anfänge der historischen Weltanschauung Niebuhrs, Gesammelte Schriften Bd. 3, 2. Aufl. Stuttgart/Göttingen 1959.
Dreier, Ralf: Zum Begriff der „Natur der Sache", Berlin 1965.
Droysen, Johann Gustav: Grundriß der Historik, Jena 1858, in: Johann Gustav Droysen, Historik. Vorlesungen über Enzyklopädie und Methodologie der Geschichte, hrsg. v. Rudolf Hübner, 5. Aufl. München 1967, 317 ff.
Eckmann, Horst: Rechtspositivismus und sprachanalytische Philosophie, Berlin 1969.
Eisler, Rudolf: Wörterbuch der philosophischen Begriffe, Bd. 1, 4. Aufl. Berlin 1927.
Encyclopedia of Philosophy, The, ed. Paul Edwards, Bd. 1, New York/London 1967.
Engisch, Karl: Die Einheit der Rechtsordnung, Heidelberg 1935.
— Wahrheit und Richtigkeit im juristischen Denken, Münchener Universitätsreden, N. F., Heft 35.
— Vom Weltbild des Juristen, 2. Aufl. Heidelberg 1965.
— Form und Stoff in der Jurisprudenz, in: Festschrift für Fritz v. Hippel zum 70. Geburtstag, Tübingen 1967, 63 ff.
Fechner, Erich: Rechtsphilosophie. Soziologie und Metaphysik des Rechts, 2. Aufl. Tübingen 1962 (zit.: Fechner, Rechtsphilosophie).

Fechner, Erich: Die Bedeutung der Gesellschaftswissenschaft für die Grundfrage des Rechts, in: Naturrecht oder Rechtspositivismus?, hrsg. v. Werner Maihofer, Darmstadt 1962, 257 ff.

Flume, Werner: Richter und Recht, München u. Berlin 1967, Sonderdruck der Verhandlungen des 46. Deutschen Juristentages 1966, Bd. 2, Teil K.

Frensdorff, Ferdinand: Das Wiedererstehen des deutschen Rechts. Zum hundertjährigen Jubiläum von K. F. Eichhorns Rechtsgeschichte, SZGerm. 29 (1908) 1 ff.

Friedrich, Carl J.: Die Philosophie des Rechts in historischer Perspektive, Berlin/Göttingen/Heidelberg 1955.

Gagnér, Sten: Studien zur Ideengeschichte der Gesetzgebung, Acta Universitatis Upsaliensis, Studia Iuridica Ups. 1, Stockholm 1960 (zit.: Gagnér, Ideengeschichte).

Gallas, Wilhelm: P. J. A. Feuerbachs „Kritik des natürlichen Rechts", Sitzungsberichte der Heidelberger Akademie der Wissenschaften, Phil.-hist. Klasse, Jg. 1964, 1. Abhandlung, Heidelberg 1964 (zit.: Gallas, Feuerbach).

Geldsetzer, Lutz: A. F. J. Thibaut, Theorie der logischen Auslegung des römischen Rechts, Einleitung, Düsseldorf 1966 (zit.: Geldsetzer, Thibaut).

v. Gierke, Otto: Naturrecht und Deutsches Recht, Frankfurt a. M. 1883.

— Labands Staatsrecht und die deutsche Rechtswissenschaft, Jahrbuch für Gesetzgebung, Verwaltung und Volkswirtschaft im Deutschen Reich, hrsg. v. Gustav Schmoller, N. F., 7. Jg. (1883) 1097 ff., Nachdr. Darmstadt 1961.

— Die historische Rechtsschule und die Germanisten, Berlin 1903.

Gutzwiller, Max: Zur Lehre von der „Natur der Sache", in: Festgabe der Juristischen Fakultät Freiburg für den Schweizer Juristenverein, Freiburg/Schweiz 1924, 294 ff., abgedr. in und zit. nach: Die ontologische Begründung des Rechts, hrsg. v. Arthur Kaufmann, Darmstadt 1965, 14 ff.

Hart, Herbert Lionel Adolphus: The Concept of Law, Oxford 1961.

Hattenhauer, Hans: Hermann Conring und die deutsche Rechtsgeschichte, SchlHAnz 1969, 69 ff.

Heinrichs, Helmut: Die Rechtslehre Friedrich Julius Stahls, Diss. jur. Köln 1967.

Henkel, Heinrich: Einführung in die Rechtsphilosophie, München u. Berlin 1964.

Hennis, Wilhelm: Politik und praktische Philosophie, Neuwied 1963.

Heuss, Alfred: Theodor Mommsen und das 19. Jahrhundert, Kiel 1956.

v. Hippel, Fritz: Zur Gesetzmäßigkeit juristischer Systembildung, Berlin 1930, abgedr. in und zit. nach: Rechtstheorie und Rechtsdogmatik, Fritz v. Hippel, Juristische Abhandlungen Bd. 2, Frankfurt a. M. 1964, 14 ff.

— Gustav Hugos juristischer Arbeitsplan, Berlin 1931, abgedr. in und zit. nach: Rechtstheorie und Rechtsdogmatik, Fritz v. Hippel, Juristische Abhandlungen Bd. 2, Frankfurt a. M. 1964, 47 ff.

Hirsch, Emanuel: Geschichte der neuern evangelischen Theologie im Zusammenhang mit der allgemeinen Bewegung des europäischen Denkens, Bd. 5, Gütersloh 1960.

Hönigswald, Richard: Geschichte der Erkenntnistheorie, Berlin 1933, unver. repr. Nachdr. Darmstadt 1966.

Hollerbach, Alexander: Der Rechtsgedanke bei Schelling, Frankfurt a. M. 1957.

Huber, Eugen: Recht und Rechtsverwirklichung. Probleme der Gesetzgebung und der Rechtsphilosophie, 2. Aufl. Basel 1925 (zit.: Huber, Recht und Rechtsverwirklichung).

Hübner, Gustav: Der Streit um die Geltung des deutschen Privatrechts im 19. Jahrhundert, Diss. jur. München 1952.
Hübner, Rudolf: Jacob Grimm und das deutsche Recht, Göttingen 1895.
Jelusic, Karl: Die historische Methode Karl Friedrich Eichhorns, Wien 1936.
Kambartel, Friedrich: Erfahrung und Struktur. Bausteine zu einer Kritik des Empirismus und Formalismus, Frankfurt a. M. 1968 (zit.: Kambartel, Erfahrung und Struktur).
Kantorowicz, Hermann: Was ist uns Savigny?, in: Recht und Wirtschaft Bd. 1, 1911, 51 ff.
Kaser, Max: Zur Methode der römischen Rechtsfindung, Nachrichten der Akademie der Wissenschaften in Göttingen aus dem Jahre 1962, Phil.-hist. Klasse, Göttingen 1962, 49 ff.
Kaufmann, Arthur: Naturrecht und Geschichtlichkeit, Tübingen 1957.
— Recht und Sittlichkeit, Tübingen 1964.
— Die Geschichtlichkeit des Rechts im Lichte der Hermeneutik, in: Festschrift für Karl Engisch zum 70. Geburtstag, Frankfurt a. M. 1969, 243 ff.
Kaufmann, Erich: Über den Begriff des Organismus in der Staatslehre des 19. Jahrhunderts, Heidelberg 1908.
— Kritik der neukantischen Rechtsphilosophie, Tübingen 1921.
Kelsen, Hans: Die Idee des Naturrechts, Zeitschrift für öffentliches Recht 7 (1928) 221 ff., abgedr. in und zit. nach: Soziologische Texte, hrsg. v. Heinz Maus und Friedrich Fürstenberg, Bd. 16, Hans Kelsen, Aufsätze zur Ideologiekritik, Neuwied 1964, 73 ff.
Kiefner, Hans: Geschichte und Philosophie des Rechts bei A. F. J. Thibaut, Diss. jur. München 1959.
— A. F. J. Thibaut, SZRom. 77 (1960) 304 ff.
Kleinheyer, Gerd: Vom Wesen der Strafgesetze in der neueren Rechtsentwicklung, Tübingen 1968.
Klug, Ulrich: Juristische Logik, 3. Aufl. Berlin/Heidelberg/New York 1966.
Kriele, Martin: Theorie der Rechtsgewinnung, Berlin 1967.
Küper, Wilfried: Die Richteridee nach der Strafprozeßordnung und ihre geschichtlichen Grundlagen, Berlin 1967.
Larenz, Karl: Wegweiser zu richterlicher Rechtsschöpfung, in: Festschrift für Arthur Nikisch, Tübingen 1958, 275 ff.
— Über die Unentbehrlichkeit der Jurisprudenz als Wissenschaft, Berlin 1966.
— Methodenlehre der Rechtswissenschaft, 2. Aufl. Berlin/Göttingen/Heidelberg 1969.
Lenel, Otto: Briefe Savignys an Georg Arnold Heise, SZRom. 36 (1915) 96 ff.
Lexikon für Theologie und Kirche, hrsg. v. Josef Höfer und Karl Rahner, 2. Aufl. Freiburg i. Br. 1957.
Lüderssen, Klaus: Paul Johann Anselm Feuerbach und Carl Joseph Anton Mittermaier. Theorie der Erfahrung in der Rechtswissenschaft des 19. Jahrhunderts, Einleitung, Frankfurt a. M. 1968 (zit.: Lüderssen, Einleitung).
v. Lübtow, Ulrich: Reflexionen über Sein und Werden in der Rechtsgeschichte, Berlin 1954.
Maihofer, Werner: Die Natur der Sache, ARSP 44 (1958) 145 ff., abgedr. in und zit. nach: Die ontologische Begründung des Rechts, hrsg. v. Arthur Kaufmann, Darmstadt 1965, 52 ff.
— Ideologie und Recht, in: Ideologie und Recht, hrsg. v. Werner Maihofer, Frankfurt a. M. 1969, 1 ff.

Manning, Arthur: Austin To-Day: Or "The Province of Jurisprudence" reexamined, in: Modern Theories of Law, ed. by Ivor Jennings, London 1933.

Marx, Heinrich: Die juristische Methode der Rechtsfindung aus der Natur der Sache bei Johann Stephan Pütter und Justus Friedrich Runde, Diss. jur. Göttingen 1967.

Meinecke, Friedrich: Die Entstehung des Historismus, 2 Bde, München u. Berlin 1936.

Müller-Dietz, Heinz: Das Leben des Rechtslehrers und Politikers Karl Theodor Welcker, Freiburg i. B. 1968 (zit.: Müller-Dietz, Welcker).

Müller-Erzbach, Rudolf: Wohin führt die Interessenjurisprudenz?, Tübingen 1932.

Radbruch, Gustav: Rechtsidee und Rechtsstoff. Eine Skizze, Archiv für Rechts- und Wirtschaftsphilosophie 17 (1923/24) 343 ff.

— Die Natur der Sache als juristische Denkform, Sonderausgabe Darmstadt 1964.

Rathjen, Peter: Die Publizisten des achtzehnten Jahrhunderts und ihre Auffassung vom Begriff des Staatsrechts, Diss. jur. Bonn 1968.

Rexius, Gunnar: Studien zur Staatslehre der historischen Schule, HZ 107 (1911) 496 ff.

Ritter, Joachim: „Naturrecht" bei Aristoteles, Stuttgart 1961.

Ross, Alf: Theorie der Rechtsquellen, Leipzig u. Wien 1929.

Rothacker, Erich: Savigny, Grimm und Ranke. Ein Beitrag zur Frage nach dem Zusammenhang der Historischen Schule, HZ 128 (1923) 415 ff.

— Logik und Systematik der Geisteswissenschaften, in: Handbuch der Philosophie Abt. II, Beitrag C, München u. Berlin 1927, 1 ff.

Schambeck, Herbert: Der Begriff der „Natur der Sache", in: Die ontologische Begründung des Rechts, hrsg. v. Arthur Kaufmann, Darmstadt 1965, 164 ff.

Scheyhing, Robert: Deutsche Verfassungsgeschichte der Neuzeit, Köln/Berlin/Bonn/München 1968.

Schmitt, Carl: Die Lage der europäischen Rechtswissenschaft, Tübingen 1950.

Schönfeld, Walther: Grundlegung der Rechtswissenschaft, Stuttgart 1951.

Schreiber, Hans-Ludwig: Der Begriff der Rechtspflicht. Quellenstudien zu seiner Geschichte, Berlin 1966 (zit.: Schreiber, Rechtspflicht).

Schuler, Theo: Jacob Grimm und Savigny. Studien über Gemeinsamkeit und Abstand, SZGerm. 80 (1963) 197 ff.

Schwarz, Andreas Bertalan: Zur Entstehung des modernen Pandektensystems, SZRom. 42 (1921) 578 ff.

— Pandektenwissenschaft und heutiges romanistisches Studium, Festgabe der Rechts- und Staatswissenschaftlichen Fakultät der Universität Zürich zum Schweizer Juristentag 1928, Zürich 1928, 3 ff., abgedr. in und zit. nach: Rechtsgeschichte und Gegenwart, Gesammelte Schriften zur Neueren Privatrechtsgeschichte und Rechtsvergleichung von A. B. Schwarz, hrsg. v. Hans Thieme und Franz Wieacker, Karlsruhe 1960, 93 ff.

— John Austin und die deutsche Rechtswissenschaft seiner Zeit, Politica 2, London 1934, 181 ff. (in englischer Sprache), abgedr. in und zit. nach: Rechtsgeschichte und Gegenwart, Gesammelte Schriften zur Neueren Privatrechtsgeschichte und Rechtsvergleichung von A. B. Schwarz, hrsg. v. Hans Thieme und Franz Wieacker, Karlsruhe 1960, 72 ff. (übers. v. Franz Wieacker) (zit.: Schwarz, Austin).

— Einflüsse deutscher Zivilistik im Auslande, Symbolae Friburgensis in Honorem Ottonis Lenel, Leipzig 1935, 425 ff., abgedr. in und zit. nach: Rechtsgeschichte und Gegenwart, Gesammelte Schriften zur Neueren Pri-

vatrechtsgeschichte und Rechtsvergleichung von A. B. Schwarz, hrsg. v. Hans Thieme und Franz Wieacker, Karlsruhe 1960, 26 ff.
Stammler, Rudolf: Rechts- und Staatstheorien der Neuzeit, 2. Aufl. Berlin u. Leipzig 1925.
Stegmüller, Wolfgang: Hauptströmungen der Gegenwartsphilosophie, 3. Aufl. Stuttgart 1965.
Stratenwerth, Günter: Das rechtstheoretische Problem der „Natur der Sache", Tübingen 1957.
Strauch, Dieter: Recht, Gesetz und Staat bei Friedrich Carl von Savigny, Bonn 1960.
Thieme, Hans: Die Zeit des späten Naturrechts, SZGerm. 56 (1936) 202 ff.
— Savigny und das Deutsche Recht, SZGerm. 80 (1963) 1 ff.
Vicén, Felipe Gonzáles: Sobre los origines y supuestos del formalismo en el pensamiento juridico contemporaneo, Anuario de filosofia del derecho, 8 (1961), Madrid 1961, 44 ff. (zit.: Vicén, Formalismus).
Viehweg, Theodor: Über den Zusammenhang zwischen Rechtsphilosophie, Rechtstheorie und Rechtsdogmatik, Estudios Juridico-Sociales, Homenaje al Profesor Luis Legaz y Lacambra, Universidad de Santiago de Compostela 1960, 203 ff.
— Einige Bemerkungen zu Gustav Hugos Rechtsphilosophie, in: Festschrift für Karl Engisch zum 70. Geburtstag, Frankfurt a. M. 1969, 80 ff.
— Ideologie und Rechtsdogmatik, in: Ideologie und Recht, hrsg. v. Werner Maihofer, Frankfurt a. M. 1969, 83 ff.
Weber, Max: Wirtschaft und Gesellschaft. Grundriß der verstehenden Soziologie, 2 Hlbbde, 4. Aufl., besorgt v. Johannes Winckelmann, Tübingen 1956.
Weis, Eberhard: Geschichtsschreibung und Staatsauffassung in der französischen Enzyklopädie, Wiesbaden 1956.
Weiss, Antonia Ruth: Friedrich Adolf Trendelenburg und das Naturrecht im 19. Jahrhundert, Kallmünz 1960.
Welzel, Hans: Naturrecht und Rechtspositivismus, in: Festschrift für Hans Niedermeyer, Göttingen 1953, 279 ff., abgedr. in und zit. nach: Naturrecht oder Rechtspositivismus?, hrsg. v. Werner Maihofer, Darmstadt 1962, 322 ff.
— Die Naturrechtslehre Samuel Pufendorfs, Berlin 1958.
— Naturrecht und materiale Gerechtigkeit, 4. Aufl. Göttingen 1962.
— Die Frage nach der Rechtsgeltung. An den Grenzen des Rechts, Köln u. Opladen 1966 (zit.: Welzel, Rechtsgeltung).
Wesenberg, Gerhard: Neuere deutsche Privatrechtsgeschichte, 2. Aufl., neu bearb. v. Gunter Wesener, Lahr/Schwarzwald 1969.
Wickert, Lothar: Theodor Mommsen. Eine Biographie, 2 Bde, Frankfurt a. M. 1959—1964.
Wieacker, Franz: Friedrich Carl von Savigny, SZRom. 72 (1955) 1 ff.
— Notizen zur rechtsgeschichtlichen Hermeneutik, Göttingen 1963.
— Privatrechtsgeschichte der Neuzeit, 2. Aufl. Göttingen 1967 (zit.: Wieacker, Privatrechtsgeschichte).
— Wandlungen im Bilde der historischen Rechtsschule, Karlsruhe 1967 (zit.: Wieacker, Wandlungen).
— Zum heutigen Stand der Rezeptionsforschung, in: Festschrift für Joseph Klein zum 70. Geburtstag, Göttingen 1967, 181 ff.
Wieland, Karl: Die historische und die kritische Methode in der Rechtswissenschaft, Leipzig 1910.
Wild, Gisela: Leopold August Warnkönig 1794—1866, Karlsruhe 1961.

Wilhelm, Walter: Zur juristischen Methodenlehre im 19. Jahrhundert. Die Herkunft der Methode Paul Labands aus der Privatrechtswissenschaft, Frankfurt a. M. 1958 (zit.: Wilhelm, Methodenlehre).

Wolf, Erik: Große Rechtsdenker der deutschen Geistesgeschichte, 4. Aufl. Tübingen 1963.

Personenregister

Achenwall 98[16]
Aristoteles 22, 31, 64, 104
Austin, John 12[7], 32 f., 63, 64 ff., 75, 86[2], 110[39], 113[64], 118[14]

Bergbohm 43
Beseler, Georg 12[8], 82, 83 ff., 87[10], 90[22], 93, 95
Bremer 20[21]

Conring 87[6]

Droysen 60[24]

Eichhorn 12[7], 14, 86, 89, 90[19], 91, 103

Feuerbach, Anselm 11[5], 17 f., 28, 31, 47[62], 65, 66, 98[17], 102[47], 103, 114
Friedländer 12[8]

Gerber 92, 93[1], 119, 122
Gmeiner 66[77]
Grimm, Jacob 59, 77[3], 94[11], 95[21]
Grotius 16, 52, 58[15], 62

Hart, Horatio L. A. 21[15]
Hegel 25, 90[26]
Heise 113
Hobbes 68, 84[9]
Hugo, Gustav 12[8], 18[26], 28 ff., 31 f., 61[35], 63, 68[91], 102, 104, 113

Jhering 119, 122

Kant 20 f., 22[25], 23[30], 29, 30, 44, 50[86], 114, 125
Kierulff 66[72]
v. Kirchmann 59

Laband 119
Leibniz 50[86], 65
Locke 46

Mittermaier, Carl J. A. 12[7], 30[21], 76[30], 85[21], 93[1]
Möser 24
v. Moltke, Adam 14
Mommsen 14[2]
Montesquieu 81

Nettelbladt 69[95]
Niebuhr 14

Puchta 119, 122
Pütter 34[5], 106
Pufendorf, Samuel 22[25], 52, 54, 58[15], 62, 112

Reitemeier 69, 103, 109
Reyscher 12[8], 71, 74, 84[13], 87[10], 90[22], 95, 100
Rosenvinge 14[4] ff., 77, 91[30], 93[2], 94[11], 95[22]

Savigny 11, 14, 19[31], 25, 26, 63, 72 ff., 79, 80 ff., 96, 97 ff., 106, 109, 111, 113, 115, 118 ff., 125
Schlözer 98[16]
Schmalz 20[6]
Stahl 107 f., 109, 111
v. Stein, Lorenz 87[7]

Thibaut 23[32], 51[94], 58[16], 60[27], 62[45], 69, 79, 80[20], 81 f., 99, 101[39], 103, 115
Thomasius 17, 22[25]
Trendelenburg 71

Warnkönig 16[5], 66, 69 ff.
Welcker 12[8], 21 f.
Wening 121
Windscheid 124
Wolff, Christian 17, 32, 68

Printed by Libri Plureos GmbH
in Hamburg, Germany